＼もっと知りたい！／

定年の楽しみ方

遠山 紘司

学文社

はじめに

平均寿命が80歳を超え、90歳はおろか１００歳を迎える人が急増しています。寿命の伸びに伴って定年後の生活も30年に及びそうな勢いで、「二度目の人生」と呼べるほど長いものになりそうです。

「二度目の人生」の40年に及ぶ在職中には楽しいことも、そうでないこともいろいろ経験されたはず。定年を機に心機一転、楽しむことを目指して、新たな人生をスタートさせたいものです。

二度目の人生は「楽しむ」ためのものと位置付けると、それを下支えする２つの基盤を固めておくことが必要になるでしょう。

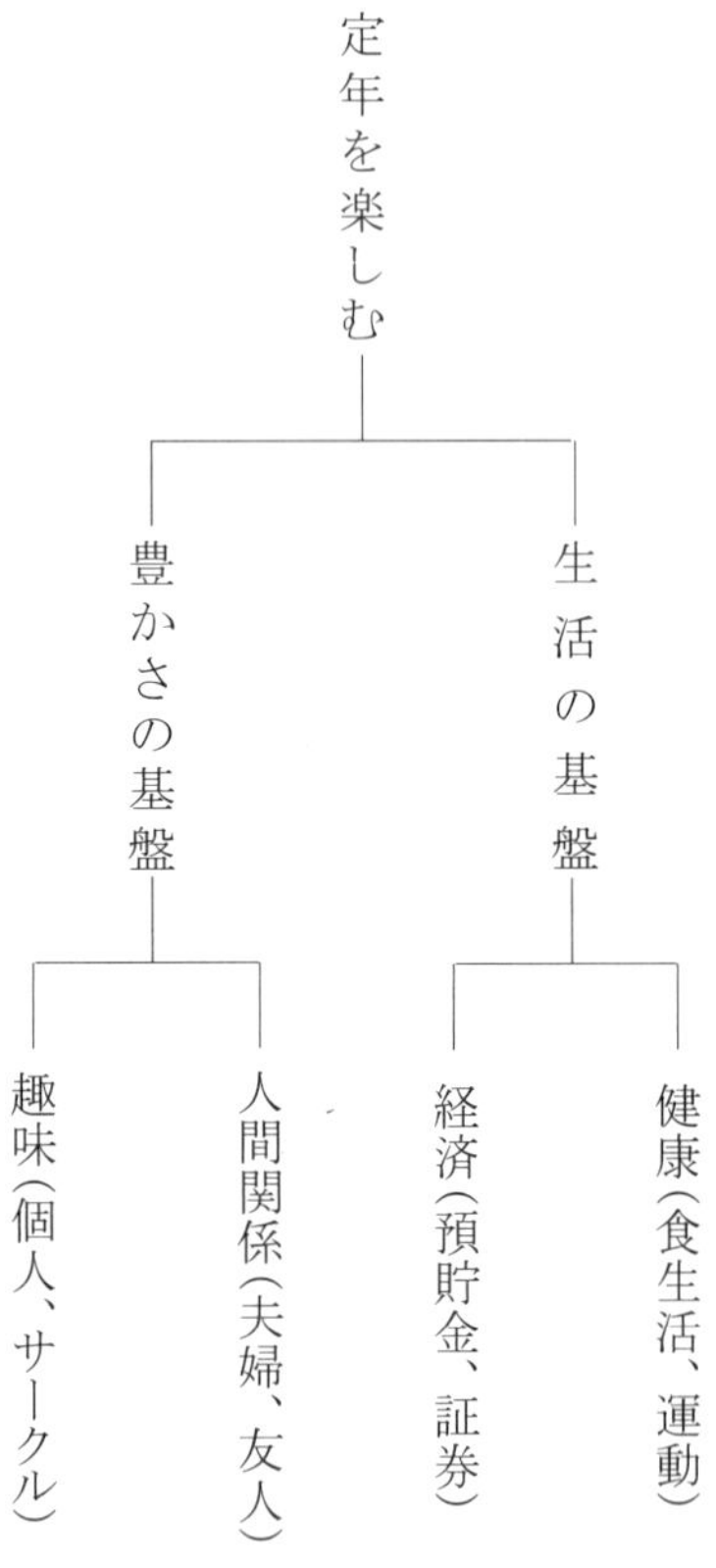

ひとつは「生活を安定させるための基盤」である**健康**と**経済**です。２つ目は「豊かで生きがいのある定年生活を送るための基盤」になる**人間関係**と**趣味**です。

本書ではこれら４つの項目に**時間**を加えて、定年前の準備段階から定年後を心豊かにそして、楽しく過ごすための必要な項目をまとめました。70歳を過ぎてから生きがいを持って生活する仕方の先例は多くありません。自分たちが意欲的に先例を作るつもりで本書を参考にしていただければ幸いです。

本書を出版するに当たり、たくさんの人のお世話になりました。西村和夫、尾崎正延、門奈哲也、西口美津子の各氏には多くのアドバイスをいただきました。特に、西村和夫氏には計画の段階から最後まで貴重で適切なご指摘をいただきました。改めて御礼申し上げます。また、出版の機会を与えていただきました学文社社長　田中千津子氏には心より御礼申し上げます。

平成29年10月

遠山紘司

目次

第7編　整理する……147

第1編 お金

50歳代の人の約80％が定年後の生活資金に不安を持っています。平均寿命が伸びたのはうれしい反面、生活予測が立てづらくなっていると思われますが、不安を抱えるだけでは解決しません。定年後の収支予想をしてみましょう。

1.1 定年後お金はいくら必要か

老後の資金源

老後の資金源は、大多数の人は年金、退職金、預貯金の3種類です。詳細は後で述べるとして、ここではそれぞれの特徴を述べてみます。

⑴ 年　金

国による公的年金（国民年金、厚生年金）と、企業や個人による私的年金があります。公的年金は原則として65歳から生涯にわたって受け取ることができますが、将来、不足する可能性があるので、私的年金で上積みを計る必要があります。

⑵ 退職金

大多数の人は60歳で一度だけ受け取ります。年金受給の始まる65歳まで使わず、貯金しておくことが望まれます。

⑶ 預貯金

給与の多い60歳までにできるだけ貯め、余裕があれば65歳まで積み増しします。預貯金が定年生活を豊かなものにする原資になります。

意外に多い出費

平均寿命が伸びると生涯出費総額が増えます。支出を概観してみますが、現在では寿命の目安を90歳と考えても違和感はないでしょう。

まず、食費等の日常生活費は定年後でも退職前に比べ減ることはなく、「ほぼ変わらない」と思ってよいでしょう。これに加えて通常の生活費以外の出費が結構かかります。家のリフォームや車の買い替えといった高額な出費です。

戸建て住宅の場合、維持管理費が必要になります。木造2階建て延べ床面積が100㎡ですと、15年ごとに屋根塗装80万円、外壁塗装120万円、バルコニー防水工事30万円、雨どい交換30万円、築30年で給排水管の交換80万円などです。その他に、車の買い替えなら100～300万円、これも二度くらいはあるでしょう。20～100万円程度の出費としてテレビ、ガスレンジ、瞬間湯沸かし器、ユニットバスなど耐用年数10～20年程度のものがあります。家の大きさ、住む人数、生活の程度などにもよりますが、いわゆる生活費以外の出費が必要になります。

また、毎年確実な出費として固定資産税、住民税等の税金、健康保険、介護保険、生命保険、火災保険、車関係の出費、さらに病気やケガにも備える必要があります。通常の生活費以外の出費については65歳から90歳までに合計１０００万円は見ておく必要があります。

老後資金の目安

楽しい定年生活を送るにはどの程度の預貯金が必要でしょうか。「大ざっぱでよいから知りたい」というのが本音でしょう。定年に関する本のほとんどは、老後資金に関するものであることからも関心の高さがうかがえます。

この額は収入の違い、どのような生活をしたいのかにより個人ごとに大きく異なり一概には出せませんが、総務省「家計調査」(平成27年)や厚生労働省の「年金モデルケース」を参考に、標準世帯つまり無職の夫婦二人(夫65歳、妻60歳以上)で住宅ローンはすでに終わり、定年65歳から90歳までの25年間を元気に過ごすと仮定して考えてみましょう。

【支 出】

生活費として毎月約23万円年間276万円、旅行等の臨時資金年間55万円、1年間支出合計331万円。25年間の生活費合計8275万円。

その他に家のリフォーム、車の買い替え等として25年間で1000万円。25年間の予想支出合計額9275万円。

【収 入】

年金額は夫・妻の国民年金、厚生年金の合計月額が平均23万円（平成27年）になります。1年間で276万円。25年間の年金額合計6900万円。

【65歳までに蓄える老後資金額】

支出−収入＝9275万円−6900万円＝2375万円

退職金を含め約2500万円を最低限貯蓄します。余裕をもって生活するにはこの額にどれだけ上積みできるかによります。もし、住宅ローンが残っていると生活は厳しくなります。いずれにしても収入と支出のバランスをとり、定年生活を楽しむことを忘れないようにしたいものです。

1.2 収入の柱「年金」の仕組み

年金の種類

定年後の生活を支える基盤のひとつが「お金」。多くの人はその大半を年金に依存しています。最初に年金の仕組みについて説明しましょう。

年金制度は、家にたとえられ2階建て、3階建てといわれ、1階部分と2階部分は国が法律に基づいて行う「公的年金」、3階部分は「私的年金」となります。

【公的年金】

国が運営する「公的年金」の仕組みを示すと図1―1のようになります。公的年金は「国民年金」と「厚生年金保険」に分かれます。それぞれ1階部分、2階部分と呼ばれています。

［国民年金］

「国民年金」は「基礎年金」とも呼ばれ公的年金の土台になるもので、20歳から60歳未満のすべての人の加入が義務付けられ、職業や年齢によって「第1号」「第2号」「第3号」被保険者に分けられています。

・第1号被保険者：自営業者、短時間パート・無職の人、20歳以上の学生。個人で保険料を納める必要があります。

・第2号被保険者：会社員、公務員、私立学校教職員。給与等から保険料が天引きされます。

・第3号被保険者：会社員、公務員の被扶養配偶者（年収が

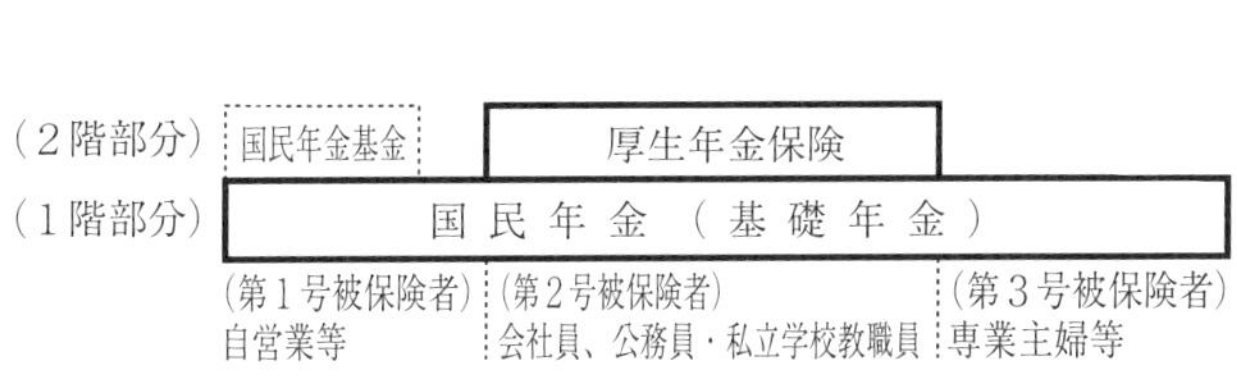

図 1-1　公的年金制度の仕組み

130万円未満の専業主婦等）。保険料は第2号被保険者の保険全体で支払い、個人が支払う必要はありません。

国民年金の受給年金額は加入期間のみで決まります。これまでは少なくとも25年以上の加入期間が必要でしたが、平成29年8月より10年に短縮されました。無年金者を減らすための対策です。

受給額は全期間40年間加入すると65歳から年間77万9300円（月額約6万5000円、平成29年度）を受け取ります。繰り上げ受給は60歳から可能。その場合、65歳時点の受給に比べ1か月0・5％減額になります。60歳から受給すると0・5％×12か月×5年で30％減額（受給年額約55万円、月額約4万5500円）になります。一方、繰り下げ受給も70歳まで可能です。この場合、1か月0・7％増額されます。70歳から受給すれば、0・7％×12か月×5年で42％増額（受給年額約110万円、月額約9万2000円）になります。

加入期間が25年の人は77万9300円÷480か月×300か月＝48万7062円（月額4万588円）、10年の人は77万9300円÷480か月×120か月＝19万4825円（月額1万6235円）。生活できる年金額ではありません。

国民年金（基礎年金）に対する今後の不安は受給額が減額されるのではないかというものです。年金の受給開始年齢も60歳から徐々に65歳へと繰り下げられ、加えて介護保険料がアップされることです。ほとんどの場合、介護保険料は基礎年金から天引きされるので介護保険料が上がれば振り込まれる年金額は減ることになります。

［厚生年金保険］

平成27年9月までは会社員は厚生年金に、公務員や私立学校の教職員は共済年金に加入していましたが、10月共済年金は厚生年金に統合され、「厚生年金保険」

に一元化されました。しかし、効率的な事務処理を行うため共済組合等は厚生年金保険の実施機関として存在し、年金事務所と同様に被保険者の資格管理や保険料の徴収、年金額の決定、年金証書の発行、年金支払い等の事務を行っています。

厚生年金の保険料は報酬によって変わり、受取額も加入期間の平均標準報酬額により変わります。すなわち、所得に比例した年金ということになります。

自営業者等の第1号被保険者に対する2階部分として「国民年金基金」があります。加入は任意で、掛け金も個人の自由で全額所得控除の対象になります。問い合わせ先は「国民年金基金連合会」（℡0120-65-4192）です。

【私的年金】

高齢化社会による平均寿命の延び、さらに少子化に伴い公的年金に限界が感じられ給付水準の低下が避けられないことから、公的年金を補う老後保障のひとつとして私的年金が注目を集めています。公的年金が1、2階部分であったのに対し、「私的年金」は3階部分と呼ばれます。

私的年金には次の3種類があります。

(1) 企業年金

(2) 退職等年金給付

(3) 個人年金

〔企業年金〕

企業が退職給与の一種として従業員に支給するもので、企業が独自にまたは従業員と共同で原資を拠出し、運用・支給する私的な年金制度。これまでの「確定給付企業年金（DB）」を見直し「企業型確定拠出年金（DC）」に移行する企業が増えています。

「企業型確定拠出年金（DC）」の掛け金は原則として企業が負担します。運用は企業が準備する運用商品、例えば定期預金、保険商品、公社債投信、株式投信など十数種の金融商品の中から加入者が運用先を決めます。その後は企業が供出する掛け金を加入者が銀行等の個人口座で自己責任で運用することになります。運用実績に応じて受給金額が決まり、原則として60歳になるまで受け取ることはできません。その代わり、掛け金や運用益、利息は非課税で全額が老後のために積み立てられます。

［退職等年金給付］

公務員・私立学校教職員に対するもので企業年金に相当します。

［個人年金］

毎月、自分で掛け金を出して運用資金を積み立てる「個人型確定拠出年金」（イデコ（ｉＤｅＣｏ）の愛称で呼ばれ、individual-type Defined Contribution pension plan の単語の一部からつけられた）への加入は自営業者等に限られていましたが、平成29年1月からこれまで加入できなかった会社員、公務員等、さらに専業主婦も含め、基本的にはすべての人が加入できるようになりました。どんなメリットがあるのでしょうか。

次の3つの税制上の優遇措置があります。
(1) 掛け金が全額所得控除される。例えば毎月2万円ずつかけた場合、税率20%とすると年間4万8000円の節税になる。
(2) 金融商品の運用益にかかる税金（約20%）が非課税になる。
(3) 受け取る時も公的年金等控除が受けられる。
収入のない人やパートなどで年収が103万円以下の人は「控除」が受けられないので節税効果はあまりありません。

加入手続きは銀行や証券会社等で行います。その際、投資信託等の金融商品の中から自分で選びます。金融機関によりコストや金融商品が異なるので確認が必要です。管理手数料や信託報酬の低いものを選びましょう。高いと節税効果が薄れます。運用資産は原則として60歳までは引き出せません。

なお、年金の仕組み等についてはたびたび見直しが行われていますので、新聞や広報等にもまめに目を通すようにしましょう。

年金受給開始後の手続き

定年後の経済生活を支える大きな柱が年金です。年金を受給するようになると日本年金機構からいろいろな郵便物が届きます。各種書類やその後に必要な届け出、手続き等についてまとめてみます。

［年金振込通知書］

毎年6月初旬に、その年度の年金額を知らせる「年金振込通知書」が届きます。

［年金受給中に65歳になった時の手続き］

特別支給（60〜64歳）の老齢基礎年金を受けている人が65歳になった時、それ以後、基礎年金や厚生年金をすぐ65歳から受給するか、または66歳以降に繰り下げ受給するか、の本人確認のためハガキで「年金請求書」が65歳になる誕生日の前月に日本年金機構（☎0570-05-1165）から送付されます。必要事項を記入して返送します。

［扶養親族等申告書］

65歳未満で年金額が108万円以上（65歳以上の場合は158万円以上）の人に「扶養親族等申告書」が8月下旬から順次届きます。公的年金控除や基礎控除を受けるための書類です。年金は雑所得扱いで所得税の課税対象になりますが、この「扶養親族等申告書」を提出することにより控除が受けられます。配偶者や扶養者がいなくても必要事項を記入して12月の指定日までに返送します。

ただし、65歳未満で年金額が108万円未満、65歳以上で158万円未満の場合は所得税がかからず、源泉徴収もされないので申告書も送られてきません。したがって、提出の必要もありません。

［公的年金等の源泉徴収票］

翌年1月には「公的年金等の源泉徴収票」が届きます。公的年金の収入が

400万円以下の人は原則として確定申告は不要です。ただし、生命保険料控除などの控除を受ける場合には必要になります。

［生計維持確認届］

老齢厚生年金を受給している人に生計を維持されている配偶者や子供（18歳までの子か20歳までの障害のある子）がいる場合、一定の条件（夫が20年以上年金に加入していて、妻が65歳未満で、前年の収入が850万円未満）を満たすと年金に「加給年金」が加算される。この場合、受給者の誕生月の前月に「生計維持確認届」がハガキ形式で届くので必要事項を記入し、誕生月の末日までに届くよう返送します。

［ねんきん定期便］

毎年、誕生月に日本年金機構から送られてきます。これまでの加入期間、保険料納付額、年金見込み額等がわかります。加入記録に「加入漏れ」や「誤り」があった場合「年金加入記録回答票」に訂正内容を記入し返送します。

「ねんきんネット」

年金の被保険者や受給者向けのインターネット・サービス。利用には登録が必要ですが、日本年金機構のホームページから約5分で簡単に登録できます。一度登録すればパソコンやスマホからアクセスでき、最新の年金記録の照会や加入履歴など24時間いつでも確認できます。

1.3 退職金の扱い方

相続で多額の遺産を受け取った人を除けば、大多数の人にとって退職金は一度に受け取るお金として生涯で最大の額ではないでしょうか。「長いサラリーマン生活のご褒美に海外旅行に行きたい」「老後の備えにしたい」「子供たちにもおすそ分けしたい」と、その用途に夢が膨らみます。しかし、冷静になってみる必要があります。退職金は、それまで積み立てた預貯金と年金とともに3本柱としてこれからの生活を支えるものです。将来にわたる収支の青写真を描き計画的に使いたいものです。

退職金を焦って使う必要はなく、計画が定まるまでは、当面は銀行や信用金庫で扱っている退職金を対象とした「退職金専用定期預金」に預けるという方法もあります。銀行等に「退職所得の源泉徴収票」か「退職金受取口座の通帳」を提出します。円定期の場合、銀行により限定期間、年利率が異なります。多いのが3か月限定で年利率0・5%。通常の1年定期預金金利が0・01%であることを考えれば50倍の利子です。3か月経過したらすぐ、別の銀行に同様な条件で預金すれば4行をつなぎ1年間で0・5%近くの金利が得られます。

銀行や信託銀行では円預金＋投資信託、円預金＋外貨預金を設定しているところがあります。この場合、円預金利率が3か月のみ5~6%ですが、預ける条件として投資信託あるいは外貨預金に預入額の50%以上、円預金は50%未満に設定などの条件があります。投資信託の内容をよく知っていれば問題ありませんが、内容を知らないのに5％に魅かれて安易に契約しないことです。

円定期で3か月を終え利子がついた後、そのままにしておけば翌日から通常定期の利率0・01％が適用されます。銀行等はそのまま預けてもらうためにあの手この手で金融商品を紹介します。多いのが投資信託購入の誘いです。銀行等が投資信託を勧める理由は手数料収入が高いためです。投資信託を選ぶ人は「自分は初心者だから選ぶことができない。プロが勧めるものだから間違いないだろう」と思う人がいます。銀行や証券会社の営業マンは販売のプロではあっても運用のプロではありません。銀行等は投資信託設定会社から買って販売しているだけと思ってよいでしょう。良い内容の投資信託も多いので自分でしっかり勉強して退職金を活かしてほしいと思います。

1.4 家計の見直し

生命保険、医療保険を見直す

定年で収入が大幅に減少しますが、出費はそれに見合って減りません。それを補う充分な預貯金を準備するには、現在の出費を見直し、不要なものを減らす必要があります。

在職中の出費で大きい割合を占めるのが生命保険、医療保険、特に大きいのが生命保険です。いざというとき妻子を路頭に迷わせないだけの保険を掛けますが、定年になり子供も独立する頃になると大きな保障はいらなくなります。

現在加入している保険契約の払込期間、保障期間さらに掛け捨て保険か貯蓄性のある積み立て方式かも確認します。子供が独立している場合は保障額を減らします。解約返戻金がある契約なら「払済保険」に変更し、保障額を小さくし、以後の払い込みをなくす方法もあります。また、年金もいざという時には国民年金から遺族基礎年金（18歳未満の子のいる場合のみ）が、厚生年金から遺族厚生年金が出ます。

医療保険については日本の公的な健康保険は優れており、高額医療費の補填などもあります。都道府県民共済、全国共済は掛け捨てですが月掛け金の多くは2000～3000円で生命共済、医療共済をカバーするものが多く、これを利用することも考えられます。

子供が独立し、ある程度の財産があれば必ずしも生命保険、医療保険で備える必要はなくなります。定年前後に一度、契約内容、出費を見直してみましょう。

余裕資金で投資を検討する

低金利の時代です。定年で収入が年金のみに限られるのに出費はなかなか減りません。貯金をなるべく減らさないよう節約しながらの生活も寂しいものです。

老後の金銭的な準備ができていて、ある程度の余裕資金がある場合には、リスク回避を念頭に置きながら貯金を殖やす方法も考えましょう。

代表的なものが株と投資信託です。いずれも金融商品として上がり下がりのあるもので、利益を得るだけでなく、損失も伴うことがあります。利益を得ようとすればリスクも覚悟する必要があります。ただ株にしても投資信託にしても競馬や競艇と違い投資資金がゼロになることはほぼありません。それだけにしっかり勉強して臨めば殖やせる確率が大きくなります。

初心者は最初10万円程度の投資で始め、毎日の動きを新聞等で追いながら変動の原因が何なのかを知ることです。特に株価は日本の政治、世界の政治、特にアメリカや中国の政治・経済状況さらに中東問題、石油の生産量等と密接に絡んで価格が変動しており、世界の動きを知る勉強にもなります。

【株】

証券会社が扱う商品の主柱。株式会社が発行している株式を証券会社を通して個人で購入します。株の価格は新聞で毎日見ることができます。自分の興味のある会社を見つけたら株価の動きを追ってみます。しかし、これだけでは情報にはなりません。情報源としては『会社四季報』という上場企業を網羅した分厚い本が年に4回書店に並びます。株を扱う人の必読書です。企業ごとに事業概要、財務内容、過去の株価の動き、将来予測など重要事項が網羅されています。株を買うことは会社の将来を見込んでの投資です。会社四季報で、成長する企業か、伸び悩んでいるかを判断することができます。

実際の購入は単位株といって、まとめて買うことになります。株の値段により単位株は1株、100株、1000株などに分かれます。購入のタイミングとして、ときどき大きく値を下げる場面があるので買い、利益が出たら売る。買った株がいつも値上がりするとは限りません。株で利益を得るコツは「損を最小限に抑える」ことです。例えば「8%下がったら売る」などと決めていると、大きく損をすることはありませんし、出直して十分回復が可能です。

株で損する人は証券会社から借金する形の「信用取引」をする場合が多くみられます。預けたお金の3倍まで借りられます。借りれば6か月以内に精算する義務があるので、その時点で値上がりしていれば利益を得るが、値下がりしていれば損をします。信用取引をせず自分の所持金の範囲内での取引であれば返済期日はなく売る必要もないので上がるまで待つことができます。

【投資信託】

株が基本的には自分で購入したい株（会社）を探して購入するのに対し、投資信託は証券会社や銀行が販売するファンドの中から自分が選んで購入するものです。投資信託のうち個人が購入できるものは証券投信と呼ばれ平成28年末現在6060本あります。そのうち株式投信が5939本（98%）、公社債投信（MMF、MRFなど）が121本（2%）であり、証券会社、銀行が扱う投資信託のほとんどは株式投信といえます。

6000本を超える投資信託の中から購入するものを選ぶのはむずかしい。この6000本以上の投信は投資先ごとに国内株式、海外株式、国内債券、海外債券、REIT（不動産投資専門）、バランス型、転換社債に分かれます。投信を販売する証券会社、銀行はこれらの中から100本程度を選んで客に提供しています。したがって販売する投信の種類は証券会社、銀行ごとに異なります。

投資信託の値段は「基準価額」といい毎日変わります。多くのファンドの設定時の基準価額は1万円です。右肩上がりで上がり方の大きいものほど良いファンドといえます。購入検討時にはどのようなリスクを持つ商品か必ずチェックします。

通常の投信は、配当金を毎月受け取るものと配当金を積み立てていくものに分かれます。右肩上がりのものは配当金を積み立てていくタイプが多く、逆に右肩下がりのものは配当金毎月分配型に多い。理想的なものは配当金毎月分配型で少しずつでも右肩上がりか、ほぼ横ばいのものといえます。右肩下がりのものには手を出さないことです。投資信託は手数料が高い。購入時買い付け手数料（0～3・5％）と保有中の手数料（信託報酬、0・5％前後）がある。買い付け手数料は無料か安いものを選び、信託報酬1％以上は避けます。

NISA（小額投資非課税制度）というのがあります。株や投資信託の値上がり益や配当金（分配金）に対して税金がかかりません。NISA以外は約20％の税がかかります。年間の利用額が120万円までと制限がついています。

いずれにせよ、株、投信とも販売会社の意見は参考とし、前もって必ず商品内容をチェックし、最後は自分の判断で購入します。

1.5 定年退職前後の手続き

定年退職前後の数か月間はやらねばならない手続きがたくさんあります。多くは何らかの形でお金が関係してくるものです。定年に関する手続きは「自分でする」しかありません。会社でしてくれるはず、役所から連絡があるはずと思っていると、一部は会社でしてくれますが、自分が言い出さないと進まないものがほとんどです。

退職前にしておくことは勤務先と相談します。退職後の手続きで早いものは雇用保険のように10日以内、税金などは数ヶ月かかるものもあります。

定年前後をスムーズに移行するために、前もって計画を立てましょう。

【年　金】

国が運営にかかわる公的年金には「国民年金」と「厚生年金保険」の2種類があります。公的年金の支給が始まる年齢は原則として65歳です。

国民年金をいくらもらえるかの見込み額は50歳以上の人の誕生月に郵送される「ねんきん定期便」に試算されています。

国民年金は、もらえる年齢になったら自分から請求しなければもらえません。

原則として10年以上加入していることが受給資格です。いずれにしても年金関係の話は複雑なことが多いので、退職日の半年から1年前に、住んでいる地域の年金事務所（旧社会保険事務所）に手続等の相談を含め出向きます。

厚生年金は加入期間中の報酬に比例した給付が支給されます。給付申請は共済組合や年金事務所で受け付けます。

その他に企業の企業年金は企業年金連合会から「請求手続き案内」が送られてきます。公務員・私立学校教職員なら退職等年金給付があり、共済組合で受け付けます。

［年金に対する税金］

年金収入は税法上「雑所得」として扱われます。したがって年金収入金額から必要経費である公的年金等控除額（65歳未満なら70万円、65歳以上なら１２０万円）を差し引いた残りが公的年金の所得額になります。公的年金すなわち国民年金（基礎年金）と厚生年金の合計所得額が４００万円以下で、かつ公的年金以外の所得が20万円以下であれば課税対象になりません。所得税の確定申告は不要ですが確定申告をすれば、所得税の還付がある場合もあります。
また、私的年金である企業年金や年金払い退職給付に対しては所得額によって課税されることもあります。

【健康保険】

定年になってわかることは「在職中は会社や役所等の勤務先に守られていた」ということです。そのひとつが健康保険です。在職中は勤務先が保険料の半額を負担し、給料から天引きなので深く考えずに済みましたが、定年と同時に加入していた健康保険を出ることになります。再雇用、再就職ならそこで健康保険に加入するので、ここでは完全リタイアの場合を考えてみましょう。
定年退職後の健康保険制度には次の3つの選択肢があります。

(1) 任意継続被保険者として現在の健康保険に加入

退職後も在職中に加入していた健康保険に引き続き加入できる制度。退職日の翌日から最長2年間加入できます。退職前に勤務先に任意継続の申請をします。保険料は全額自己負担になり在職中の2倍になります。給付内容は在職中と同じで一部負担金は3割です。

(2) 国民健康保険に加入

国民健康保険は、市区町村が運営する制度です。サラリーマンとその家族以外が加入します。手続きは各市区町村役場の保健課等で行います。負担額は前年度の所得や家族の人数で決まるため、退職直後に加入すると保険料が高く年間50～70万円前後の自治体も珍しくありません。2年目以降、所得が激減すれば保険料も安くなります。診療時の一部負担金は3割です。上記（1）の任意継続保険者となった場合も遅くとも2年後には国民年金に加入することになります。

(3) 家族の属する健康保険に加入

配偶者あるいは子供が加入している勤務先の健康保険に入るため、自分の保険料負担はゼロです。ただし年金等の年収が180万円未満(60歳以上)であること。

74歳まで加入できますが、75歳からは後期高齢者医療制度へ加入します。

上記3つのうちどれを選ぶかは、定年後の年金額や定年前年の収入から決めます。多くの人は最初の2年間、任意継続を選び、その後、国民健康保険へ移行しています。

【雇用保険（失業保険）】

定年退職は失業です。ハローワークに申請すると雇用保険の失業手当を受けることができます。その場合、就職する意思と能力があり、積極的に求職活動を行っていることを示すことが条件です。60～64歳での退職は失業給付金を受けることができますが、病人の看護等で働けない時、定年後しばらく休養したい時、積極的な求職活動を行っていない時などは失業と認められません。失業保険受給中は年金の支給は停止されます。65歳以上の退職者には仕事を探しているという姿勢を示すことで「高年齢求職者給付金」という一時金として基本手当日額の50日分が支給され、年金も同時に受給できます。

雇用保険の給付手続きには「離職票—1（氏名や振込先）」「離職票—2（離職理由や署名）」が必要になるので勤務先に依頼します。退職後10日以内には送付されてきますので速やかに住所地にある公共職業安定所（ハローワーク）に出向きます。必要な書類等は離職票1、2、健康保険証、印鑑、運転免許証またはマイナンバーカードです。

【税　金】

定年前後にかかる税金のうち通常の税金と扱いが異なるのが、退職金にかかる税金と退職の翌年にかかる住民税です。

退職金に対しても所得税（復興特別所得税を含む）と住民税がかかりますが、給与など他の所得と区別して計算する分離課税です。

・退職金に対する税金

退職金はその後の生活を支える基盤のひとつになるので、あまり高額にならないように計算され、多くは5％未満です。

一例として、勤続30年退職金2000万円ですと1500万円が控除され、残り500万円の2分の1に課税されます。結果として所得税約15万円、住民税約25万円合計約40万円が退職金に対する税金です。この額は退職時に「退職所得の受給に関する申告書」を提出しておけば勤務先から天引きして納税されるので翌年に納税する必要はありません。

・定年翌年にかかる住民税

前年度の給与収入に対して定年翌年に住民税がかかります。所得税は給与ごとに天引きされているので翌年に納税することはありませんが、「住民税」は勤務していた最後の年の収入に応じて翌年請求されます。したがって、これが「収入が大幅に減ったのに住民税の請求がたくさん来る」と言われる原因です。

その額は退職前年の住民税とほぼ同じとみてよいでしょう。納税の資金を準備しておく必要があります。

・確定申告

定年退職し、再就職していない場合は確定申告をした方が得することが多くなります。確定申告書にはA、Ｂ２種類があります。退職金よりもその控除額が大きい場合にはAを使いますが、多くの人はBを使います。収入が年金だけの人は確定申告をすれば所得税が還付になることもあります。書類請求や申告、相談は近くの税務署で行います。

【介護保険】

介護保険制度は介護を社会全体で支えるという考えに基づき２０００年に発足しました。市区町村が運営する社会保険で、40歳以上の人全員が加入し保険料を納めます。65歳以上（第1号被保険者）は所得別の保険料を支払う。月額平均５５００円程度です。年金が一定額以上の人は年金からの天引きで、それ以外の人は普通徴収になります。40歳～64歳で医療保険に加入している人（第2号被保険者）は医療保険と合わせて徴収されます。

その他に、定年後も収入の有無にかかわらず、かかってくる税金として固定資産税、住民税、自動車税等があります。

第2編 再就職

定年年齢が65歳に引き上げられましたが、多くの会社は60歳定年で残りの5年を再雇用という形が多いようです。大多数の人はこの再雇用を選びますが、別の会社へ再就職したり、独立して起業する方法もあります。60歳代の多くの人は若々しく体力もあります。再就職は社会との接点になります。頼られる先輩として楽しみながら働きたいものです。

2.1 元気なうちは再就職を目指そう

65歳までの再雇用

定年後の過ごし方としての選択肢はいくつかあります。何もしないという選択もできますが、多くの先輩方から聞き、筆者自身も感じることは、「働けるうちは働く」ことが良い選択だと思います。これまで蓄積した知識や技術を生かして社会と接点を持つには働くのが良く、確かな「生きがい」を見つける方法でもあります。

定年後の働き方のひとつに「再雇用」があります。今まで勤務した企業や官庁をいったん退職したうえで、改めて同じところに就職するものです。平成25年4月に高年齢雇用安定法が改正され、60歳定年である多くの企業は原則として65歳まで希望者全員を継続雇用することが義務付けられました。厚生年金の支給開始が65歳まで延期されることに伴う措置です。ただし、継続雇用とはいっても多くの企業、官庁は60歳で退職し、退職金を支給したうえで残りの延長期間を1年ごとに再雇用契約を結ぶというのが一般的です。

仕事内容を知っている定年退職者にとって、同じ職場での再雇用は理想的に思えます。しかし、部長、課長等の肩書がなくなり一契約社員になると同時に、給料も多くの場合2分の1、3分の1になります。このことを自分に言い聞かせ、納得させ、受け入れる必要があります。

一方、これまで自分と一緒に働いてくれた部下から見れば、元上司に「電話に出てください」「コピーお願いします」とは言えません。雇用主も法律で定められたことだから仕方なく雇っている場合も多いでしょう。数年で辞めていく人に頼るより、荒削りだが若い人に期待するというのが本音でしょう。とはいえ雇用主も、これまでと全く同じ部署で再雇用するのではなく、それまでの経験や経歴を踏まえ、よりふさわしい仕事場を準備するようになっています。

いずれにしても定年再雇用に際し、どう働くのが良いのか、若さと違った個性を発揮して「さすが60歳の経験者だな」と思われる働きをする気概で再雇用に臨みたいものです。

再就職探しの手順

定年後に選ぶ道のひとつに再就職、転職があります。同じ職場でなく経営母体、運営母体がこれまでと全く異なる企業等への就職です。再就職に対する準備期間としては少なくとも3年、できれば4、5年前から考えましょう。

転職にしても再就職にしても相手があっての話です。自分のセールスポイントと相手の採用条件が一致することが基本になります。再就職時に有効なのが特殊な技術を身につけていることです。例えば、特許、税、法律などの専門知識、それに語学力、特に英語力があれば決まりやすいでしょう。しかし、この分野以外でも30年、35年かかって身につけた能力は決して小さくありません。自信を持って探しましょう。

問題は探し方です。これまでの人脈、仕事上で付き合いのある人に頼むことになりますが、誰でも良いというわけにはいきません。信頼関係のしっかりできている人であることは言うまでもありません。そして必ず自分の履歴書を添えてお願いすることです。頼まれた人が直接雇ってくれることはほとんどありえず、適当なところに相談するわけですから、説明に足る写真入りの資料を準備します。

コラム『転職、再就職4回の秘密』

筆者の学生時代からの友人にＭ君がいる。彼は大学卒業後、得意な技術分野を生かして金属関係の会社に勤務。10年経ったとき自分のポリシーと周囲の状況から退社を決意。大手のガラスメーカーの中途採用に応募し転職に成功。研究所勤務で厳しいノルマはあったようだが、仕事のテーマを自分で決め、製品の開発と実用化、海外への販路拡大と順調にこなし部長に昇進。

25年経ったとき仕事関係先の自動車部品メーカーから「社長の補佐役として来ないか」と誘われる。自宅から離れ単身赴任という条件ではあったが「請われるうちが花」と転職を決意、57歳のことであった。週末帰宅の生活を3年続けたとき実父と奥さんが発病。仕事も順調に進みかけた矢先の出来事で随分悩んだ末、自宅から通える職場を探していた。そんななか研究会に出かけた折、中堅金属メーカーから誘いを受けるが、父と妻の看病がある旨を伝えたところ「顧問として週3日」という願ってもない提案を示され快諾する。そして献身的な看病と週3日の勤務を両立させる日々4年を送るも、薬石効なく奥さんを失う。合わせて会社も退職。

諸事を済ませ再度、ハローワークを通して求職活動を行うが65歳という年齢が足かせとなりすぐには見つからない。しかし、幸いにも1か月のブランクで自宅から通勤1時間の材料開発メーカーにフルタイムで再就職をはたす。

転職、再就職を4回それも65歳を超えてフルタイムでの再就職は見事というほかはない。その秘訣は、彼は他人に負けない得意分野をひとつ持っているT型人間ではなく、π型人間、すなわちどこに出しても一流でやっていける得意な分野を2つ、材料開発技術とマーケティング力を身につけていたことである。

材料開発は大学からの延長線上の仕事であるが、マーケティングは就職後に仕事を通して学び自分のものにしたのである。

彼の現在の思いはこの2つの分野を生かした「生涯現役」である。

パソコンは使えるように

再雇用や転職する時は当然として、完全リタイアで自宅にいる予定でもパソコンは使えるようにしておきたいものです。会社勤めをしていれば、ほぼ全員の机にパソコンがある時代です。しかし、使い方は人によって大きな差があります。部下の数が多い人ほどパソコンの使用頻度が低いし、会議が多く、必要な書類は部下がほとんど揃えてくれます。

しかし、いったん再雇用、転職となれば話は別です。契約社員とほぼ同格の再雇用になると、以前のように元部下に書類作成を頼むことはしづらくなります。転職にしても、文書作り、報告書作りは必須です。そのためにはワードだけでは不十分で、図や表が作れる「エクセル」も必要です。転職の場合、多くは中小企業で人的にも余裕のない場合が多いからです。むしろ、新しい転入者には期待が待ち構えています。エクセルを教えることはあっても、教えてもらうことは期待できないと思った方がよいでしょう。

できれば「パワーポイント」も身につけておきたいものです。特に転職の場合はプレゼンテーションの機会が多くなります。プレゼンを上手にこなせるかどうかは本人の評価に関係します。

ワード、エクセル、パワーポイントの３つは現職中に覚え、使えるようにしておきたいものです。わからないところがあれば、現職中なら部下も必ず教えてくれるでしょうし、尋ねるのにも遠慮はいりません。一度退職したあと身に付けるには町のパソコン教室に通うことになりますが、そのための時間を改めて作らねばなりません。

また定年退職後、自宅にいたとしてもこの3種のソフトが使えると町内会を始め、いろいろなボランティアでも重宝がられること請け合いです。

資格を取る

60歳で定年を迎え、近年は65歳、70歳まで働きたい人が増えています。

自分はどのような職種に向いているのか、そこでは30年以上に及ぶ仕事の経験を活かせるか、がポイントになります。これまでの経験を捨てて、全く新しい職種に挑むにはリスクが大きすぎます。過去の仕事から守備範囲を広げ、転職、起業を望む場合、役立つのが「資格」です。

資格もたくさんありますが、転職なら希望する相手企業にとって必要な資格なのか、起業なら社会が必要とする資格なのかを確かめます。転職あるいは起業時に強い味方になるいくつかの資格を見てみましょう。

(1) 会社は経営するうえで次のような資格を持つ人を雇用せねばなりません。衛生管理者、危険物取扱者、宅地建物取引主任者、旅行業務取扱管理者、栄養士・管理栄養士、介護福祉士、ホームヘルパー、技術士等

(2) 採用した場合「業務をこなせるかどうか」を判断基準とする資格です。資格があっても実務経験がないと採用はほとんどありません。逆に、実務経験はあるのに資格がない場合は、取得します。

ワード・エクセル、簿記2級・3級、医療事務、介護事務

(3) 独立起業型の資格。俗に「士業」といわれる業種。起業する場合には必ず必要になる資格です。

司法書士、行政書士、社会保険労務士、中小企業診断士、ファイナンシャルプランナー

資格があれば間違いなく転職できるものではありません。特にペーパーだけで得た資格ではむずかしく、経験を問われるのが普通です。

資格取得に関しては多くの本が出版されているので参照してください。

2.2 起業に備える

『2017年版中小企業白書』によると起業家数で最も多いのが60歳以上のシニアで全体の35%を占めます。シニア起業の強みは、専門的な知識が豊富、社会

的信用度が高い、自己調達可能な資金がある、人脈すなわち信頼し、信頼してくれる人が豊富であるなどであり、これらの財産の活用法がポイントになります。

しかし、誰でも起業に向いているとは限りません。基本的には個人での起業であり、これまで働いていた会社なら営業、総務、企画、管理、研究開発、広報など多くの部署に分かれていましたが、個人企業ならそれらをすべて1人ですることになります。それぞれの仕事に興味を示し、動き回り、顧客のニーズに対応することも必要です。要はフットワークが軽く、アイデアが豊富な人が起業に向いているといえます。一方、知らない人と接するのが苦手な人や面倒なことが嫌いな人には向いていません。

起業する場合、最も大切なことは「自分は何をしたいのか」をはっきりさせることです。仕事の内容は現在の仕事の範囲内か、周辺あるいは延長線上にあるものになるでしょう。全く新しい分野を勉強し、資格を取得して仕事を始めるというのもありますが、リスクが大きすぎます。

ある程度、事業内容が固まったら信頼できる人にそのプランを見せ批評を仰ぐとともにホームページ作成の準備も進めます。

定年後の起業は、最初から利益を追いすぎず、余裕とロマンを大切にしたいものです。自分1人なら起業時にかけられるお金も自分のふところ次第ですし、背伸びせず自分のやりたい仕事を自分の考えで進められます。毎月の小遣い程度を稼ぐぐらいの気持ちがよいでしょう。

2.3 シルバー人材センターへの登録

高齢化社会が急速に進むなかで、正式な就職は望まないが、働く機会を得たい、何らかの収入を得たい、体を動かすことで健康を維持したい、という意欲のある高齢者が増えています。これらの希望にこたえるための組織として「高年齢者等の雇用の安定等に関する法律」に基づいて全国の市区町村単位に置かれているのが都道府県知事の指定を受けたシルバー人材センター（以下センター）です。仕事を通して社会や地域とつながり、生きがいを感じてもらうことがセンターの目的です。

運営は公益社団法人として会員である地域の高齢者が自主的に行っています。会員はおおむね60歳以上の定年退職者や家業の一線を退いた人が対象です。センターは地域の家庭や企業、公共団体などから仕事を受注し、会員の中から適任者を選んで仕事を行います。安全就業を第一とするため危険な仕事や有害な仕事はありません。

会員になるには各地のセンター事務局で随時開催される入会説明会に参加し、会費等を納入します。年会費はセンターごとに決められ２０００円前後です。仕事は希望するものがあるとは限りません。会員の技能・技術を高めるための研修や講習があると同時に、仕事以外に会員同士の親睦旅行やサークル活動もあります。近年の会員数は全国で72万人前後、平均年齢は71歳。月収は月8～10日（週

20時間以下）働いて3～5万円。収入のためというより生きがい重視です。

仕事の範囲は次のように幅広いものです。

〔事務分野〕パソコン入力、一般事務、事務受付、毛筆筆耕、宛名書き等
〔一般作業〕ビルの清掃、除草、商品整理、袋詰め、ポスター貼り等
〔サービス分野〕家事手伝い、ハウスクリーニング、簡単な介助等
〔外交・折衝分野〕水道・ガス検針、チラシ配布、集金・配達、販売等
〔専門技術分野〕パソコン教室講師、翻訳・通訳、経理事務、家庭教師等
〔管理分野〕ビル・マンション管理、駐車場管理、自転車整理等
〔技能を必要とする分野〕ふすま貼り、塗装、大工仕事、植木の手入れ等

最近の特徴的なものとして「親孝行代行サービス」といって、子供に代わり、離れて暮らす親の家で料理や洗濯などの家事手伝いや病院への付き添い、囲碁、

将棋等の相手や話し相手等をし、子供に報告する。「空き家の管理」というのは遠方の持ち主に代わり、見回りや除草、庭木の枝打ちなどをして報告する。「ワンコインサービス」とはゴミ出し、電球の取り換え、アイロンかけなど簡単な家事を１００円や５００円で行うものです。

第3編 健康

定年生活の原点は健康にあるといってよいでしょう。健康な身体を保つための条件は3つあるといわれます。①適度な運動、②バランスのとれた食生活、③心と身体の休養です。この3つを在職中に同時に保つことはむずかしいでしょうが、定年生活に入れば可能になります。特別なことをせず、日常生活のなかで健康を保ち、増進することを考えましょう。

3.1 適度な運動

駅の階段は自分のためにある

移動する時に運動するという考え方、つまりチャンスがあれば歩くのです。駅の階段、歩道橋の上り下りは「神が私のために作ってくださった絶好の運動の機会」ととらえましょう。

最初はきつくてもしばらくすると慣れます。横断歩道と歩道橋があれば「神の与えてくれた」歩道橋を使います。階段でも歩道橋でも「感謝」して上れるようになれば、動くのが楽しくなります。多くの人が利用するエスカレーターと並行する階段を歩くと優越感を覚えるようになるから不思議です。

最近は100段近い階段のある地下鉄の駅もあります。それほど深くなくても30段、50段でも何回か上り下りすれば結構な運動になります。チャンスがあれば積極的に利用すれば確実に体力が付きます。

階段の上り下りは平地を歩く3倍もの運動強度になるといわれ、足腰の筋肉も強化されます。特に、上りは大腰筋を鍛える効果があります。大腰筋は背骨と骨盤を繋ぐ、すなわち上半身と下半身を繋ぐ重要な筋肉です。足を上に引き上げるのに大きな役割を果たす筋肉です。高齢者がちょっとした段差につまずき骨折するというのも足を上に持ち上げきれない、すなわち大腰筋の衰えによるものです。その意味でも、元気なうちから階段の上り下りで大腰筋を鍛えておきたいものです。

コラム　『上がりたくなる階段』

京都市の中心部、市営地下鉄「四条」駅の北階段、下から1段上るごとに消費したカロリーが書いてある。1段目「マイナス0・1キロカロリー」、2段目「マイナス0・2キロカロリー」……といった具合。これはわかりやすい。そして3段目ごとに消費カロリーに続けてメッセージが記されている。

4段目「階段上がるのに勇気はいらない」……なるほど。
7段目「少しがんばる気持ちがあればいいんだよ」……優しい。
22段目「世界最長の階段は11674段」……すごい。
25段目「日本最長は3333段」……どこにあるのだろう。
28段目「それに比べりゃたった63段」……短い。

さらに上ると、

「階段は人生と同じ。1段ずつ着実に」……もっと早く知りたかった。

「1段ずつ着実に上がっていくあなたの後ろ姿が好き」……照れるな。

「階段上る自分の後ろ姿って自分じゃ見えないんだよね」……一度見てみたい。

そして階段も終わりに近づくと、

「この階段を息もきらずに上がってきたあなた」……息切れそうです。

「たいしたものだねぇ！」……メッセージに引っ張られたー。

「今日も階段を上ってくれてありがとう」……こちらこそありがとう。

「下りは大腿四頭筋に効果あり！」……下りにはメッセージはないの？

この消費カロリーとメッセージ表示は京都市交通局の「燃え燃えプロジェクト」の一環として平成23年5月に始まった。「階段を使うことで健康になれる」というイメージを作り、エレベーター、エスカレーターの混雑緩和をはかることを目的に作られたという。アイデアに乾杯!!

無理のない運動を習慣化する

健康寿命を延ばすことが定年後を楽しく過ごすポイントです。バランスのとれた食生活と適度な運動が健康寿命を支えます。体力には個人差があるので自分に合った運動を見つけることが大切です。その中で良いとされるのが、ウォーキングと水中歩行です。ウォーキングの良さは一人で好きな時間に行きたい場所に行くことができることです。

ウォーキングは最初20分程度から始め、慣れるにしたがって少しずつ距離と時間を伸ばします。まず1時間6000歩を目標にしましょう。ウォーキングに慣れてくると途中の草木や花々にも目をやる余裕が出てきます。公園等を歩くと改めて日本の四季とその移り変わりに心の落ち着きを感じるようになります。

ウォーキングをしたいが、膝や足が痛いという人に良いのが水中歩行です。水には浮力があるので膝が痛くても、体重の負担をかけずに歩くことができます。運動効果としてはウォーキングと変わりありません。歩行の最初は10分程度から始め、慣れてきたら週2、3度1時間歩行ができることを目標にします。

その他に現役時代から続けているゴルフ、テニス、登山、卓球等があれば無理をしない程度にぜひ続けたいものです。いずれにしても運動を習慣化し、長続きさせることです。自分の健康は自分で守る以外に方法はないのですから。

老化は足からやってくる

「座っていて立ち上がる時に膝が痛い」「階段を下りるときに膝が痛い」「しゃがみこむのがつらい」。年齢を重ねると体重をかけたとき「膝が痛い」という人が少なくありません。中高年以上の慢性的な膝の痛みは変形性膝関節（しつかんせつ、あるいは、ひざかんせつ）症と呼ばれ、老化による病気のひとつです。

原因は足の筋肉量が減少することで膝関節への負担が大きくなり、骨と骨の間でクッションの役割をする関節軟骨がすり減って炎症が起こることによります。筋肉量は年とともに個人差が大きくなり、毎日動いているかどうかで差がつきます。筋肉量をできるだけ維持するためには、膝や腰の痛みのある人でも軽い運動を続けることが大切になります。

人間の筋肉量は上半身に40％、下半身に60％の割合であります。上半身の筋肉の大半は肩から腕にかけてあり、下半身の筋肉の大半はお尻の大殿筋、太ももの大腿二頭筋・大腿四頭筋、そしてふくらはぎの腓腹筋・ヒラメ筋です。

年齢を重ねるにしたがって筋肉量は減少します。20歳の筋肉量を１００とすると腕の筋肉量は徐々に減少しますが80歳でもまだ80％は維持されています。一方、足の筋肉量は腕に比べ減少の仕方が急で、80歳では68％にまで落ちます。老化は足からやってくるのです。

筋肉量を増やし筋力をアップすることで足が動きやすく、つまずきにくくなり膝関節の痛みや腰の痛みが和らぎます。足の筋肉を鍛える必要がありますが「もう年だから」とあきらめることはありません。筋肉は年齢に関係なく増やせるのです。鍛えるポイントは膝を支えている太ももの強化です。自分の体力レベルに合わせウォーキングやジョギング、水泳等少しきついかなという程度の運動を続けることです。

屋外に出られない人でも、自宅で最も簡単な方法として椅子に腰かけ膝をゆっくり伸ばすだけでも効果はあります。太ももの前部を鍛えるには、仰向けに寝て片足の膝を立てもう一方の足を伸ばし床から10㎝程度上げて5～10秒そのまま保ちます。太ももの外側を鍛えるには横向きに寝て上の足を上げて5～10秒保ちます。これも少しずつ続けることです。

1日8000歩を目標に

東京都健康長寿医療センター研究所の青柳幸利先生は群馬県中之条町で長年

表 3-1　1日の歩数と病気予防の目安

歩　数	速歩き時間	予防できる病気
2,000 歩	0 分	寝たきり
4,000 歩	5 分	うつ病
5,000 歩	7.5 分	要介護、認知症、心疾患、脳卒中
7,000 歩	15 分	骨折、骨粗しょう症、動脈硬化、ガン
8,000 歩	20 分	高血圧症、糖尿病、脂質異常症、メタボ

出典：よこはま企業健康マガジン　2015. 3. 4 号

にわたり調査をし、歩くことで病気の予防につながるという研究結果を発表しています（表3－1）。

この表から、歩くこと、そして歩数を重ねることが病気予防に関係していることがわかります。健康で活動的な生活を送るには8000歩が目標になります。

定年になり1日中家の中にいた場合の歩数は、普通の生活では2000歩でしょう。夕方の歩きが良いといわれています。

毎日1万歩以上歩いても直接的な健康効果はなく、歩きすぎは免疫機能を低下させ、慢性疲労につながり、かえって膝や腰を痛めることになります。しかし日によっては1万3000歩、1万5000歩になることだってあります。この場合、1週間合計で5万6000歩として他の日の歩数を調整すればよく、歩きすぎた次の日は休んでも構いません。歩き方も、普通より半足分大股で歩けば自然に速足になり筋肉も鍛えられます。少し無理をすることです。

歩くことにより筋肉量を増加させ、同時に保水量も増やせます。若くて筋肉質の60kgの男性は体内に約20ℓの水を貯えることができますが、高齢になると半分の10ℓしか保水できず、常に脱水症状で体温調節機能が低下し体温が上昇しやすく、高齢者の熱中症の原因になっています。筋肉は身体の水タンクの役割をしており、足の筋肉をきたえ、筋肉量を増やすことは、近年増加傾向にある高齢者の熱中症に対する対策の切り札のひとつなのです。

歩くことは間違いなく老化を遅らせ、全身の健康に良い影響を及ぼします。

ラジオ体操は全身運動

「新しい朝が来た　希望の朝だ」で始まるラジオ体操の歌。藤浦洸作詞、藤山一郎作曲によるお馴染みの歌だ。この歌を耳にすると思わず体が動き出すという方もおられることでしょう。

最初のラジオ体操は昭和３（１９２８）年に制定され現在まで90年近くの歴史を持つ。途中作り替えられたとはいえ、これほど長期間にわたって継続されている訳は基本方針である「いつでも、どこでも、だれでも」が手軽にできる体操で、誰からも強制されず行え、体操自体が体の多くの部分を万遍なく動かし、終わった後に爽快感が残ることが多くの国民に親しまれ、定着した要因と言われます。

ラジオ体操には第１と第２があります。昭和26年に作られた現在の第１は子供からお年寄りまで一般の人が誰でも行うことができるように作られています。これに対し、昭和27年に作られた第２は、働き盛りの人が職場で体を鍛え筋力を強化するためのものです。したがって、一般にラジオ体操という場合は「第１」を指し３分間での運動量は約12キロカロリーです。

13種類の運動から成る体操は、全身を動かし普段の生活では使わない筋肉や関節、骨に影響を与えます。続けることで体全体の血流がよくなり筋肉に弾力性がつき体の柔軟性が増します。結果として腰痛や肩こりを予防し、さらに骨粗しょう症の予防につながるなど健康効果は抜群です。定年に合わせて始め3年もすると風邪をひかなくなったという話はよく聞きます。ポイントは続けることです。高齢者が気をつけることは、ジャンプが多いと少しずつ膝を痛めることになるのでジャンプは避け、膝の屈伸程度がよいでしょう。

ラジオ体操は1日4回放送されます。

NHK第一放送（毎日）6：30～6：40、第二放送（日曜を除く）8：40～8：50、12：00～12：10、15：00～15：10。テレビでもラジオ体操があります。NHKEテレ（教育テレビ）では（毎日）6：25～6：35

その他に「みんなの体操」というのがあります。平成11（1999）年に作られたもので、高齢者に負担が少ないようラジオ体操に比べ運動量を低くおさえ8種目からできています。

3.2 食生活

定年を見据えた食生活

健康を支える基盤のもうひとつに食生活があります。今は食べたいものが、食べたいだけ手に入る時代です。当然、栄養的にも充分とれているとほとんどの人は思っています。現在の食生活で総カロリーが不足することはありませんが、問題はバランスのとれた栄養がとれているかどうかです。現代人の食生活は必ずしも良いとは言えない状態です。

生活習慣病や食源病という言葉をよく見聞きします。その名のとおり、普段の生活習慣が原因で脳血管疾患、心疾患、がん、糖尿病、高血圧、肥満、脂質異常症（高脂血症）などの病気を発症します。その主な原因が栄養のアンバランスと運動不足、睡眠・休養不足です。

会社の仕事を終え、帰りにビールと焼き鳥はサラリーマンのささやかな楽しみですが、週に3、4回これを2年も続けると間違いなく体調を崩します。偏食です。豊かな食生活をおくっているように思える日本人の食事全体にも偏りがあるのです。

【栄養をとりすぎているもの】

①動物性たんぱく質……たんぱく質は血や筋肉を作る大切な栄養素です。肉や魚、卵等の動物性たんぱく質の1日に必要な平均摂取量は30〜40gですが、とりすぎが指摘されています。

②動物性脂肪……脂肪は力と熱を生み出す大事な栄養素です。動物性脂肪(飽和脂肪酸を含む)は常温で固体であり、バターやマヨネーズ、ラード等に含まれ、コレステロールを増やします。

③炭水化物……ご飯、パン、麺類等の炭水化物のうち糖質と呼ばれるものがと

りすぎです。

ケーキ、アイスクリーム、ジュース等にもたくさん含まれます。

【栄養が不足しているもの】

①植物性たんぱく質……大豆に代表される植物性たんぱく質。味噌や豆腐、納豆、ゆば等に含まれます。

たんぱく質のうち動物性たんぱく質と植物性たんぱく質の比率は20歳くらいまでは1：1程度でよいが、年齢を重ねるにつれて植物性たんぱく質の比率を増やし、定年を迎えるころには植物性たんぱく質を多くしていくのがよいとされています。昔から「節分の時に食べる大豆の数は年の数だけ」といわれますが、これは年と共に大豆の量が増えるわけで植物性たんぱく質の比率を増やす必要があることを言っているのです。

②植物性脂肪……ごま油、オリーブオイル、菜種油、べに花油等（不飽和脂肪酸を含む）で常温では液体で、酸化しやすいものです。コレステロールを減ら

します。ただし植物性脂肪でありながらヤシ油は飽和脂肪酸を含み動物性脂肪と同じ働きをします。

③ビタミン……身体の新陳代謝に必要な栄養素です。大根、キュウリ、ホウレンソウなどの野菜、リンゴやミカン等の果物に含まれます。野菜で摂取すると すれば1日350g以上必要ですが、不足がちです。

④ミネラル……骨や歯を作るカルシウムやリン、貧血を防ぐ鉄分などがあります。日本では13種類のミネラルが食事摂取基準として定められています。ミネラルは人の体内で作れないので毎日の食事を通してとることになります。海藻や小魚、ホウレンソウ、レバー、ひじき、卵黄等に多く含まれます。

⑤食物繊維……腸内細菌を整えます。野菜、大豆、ゴボウ、こんにゃく、サトイモ、わかめ等に含まれ体内のゴミを掃除します。近年、食物繊維の重要性がいわれています。

バランスのとれた食生活は意外にむずかしいといわれます。生活習慣病を意識しながら栄養のバランスと腹八分目を意識し、大食、大酒を慎むことが大切です。定年後の健康を考えると、現役時代から「自分の身体は自分で管理する」「自分自身の身体の責任は自分で持つ」気持ちが大切です。

健康であるための食事

元気で定年が迎えられた……素晴らしいことです。60年65年と生きてくると、その間に一度や二度は体調を崩すこともあったのではないでしょうか。

しかし、定年まで勤められたことは健康の証と言えます。

「健康である」「元気である」の対比語は「病気がちである」でしょう。定年を迎えた人にとって、これから繰り広げられる「第二の人生」が病気がちでは困ります。「楽しい」第二の人生であるためにはまず、健康が必要です。「足腰が弱った」「血圧が高い」「疲れやすい」といったことは60年70年生きてきた人にとって病気とは言えません。定年退職者ならだれもが持っている基本的要素くらいに思っておけばよいでしょう。そのうえで、これからの人生も「健康でありたい」と願います。そのために何が必要でしょうか。

日本人の伝統的な食文化「和食」がユネスコ無形文化遺産に登録され、日本人の長寿の秘訣として外国から注目されています。その一方で、食事の欧米化が進み一人ひとりの食の実態が異なります。特に一人暮らしの高齢者、若者は加工品や菓子類に頼りきった生活をしています。前述したように大事なのは摂取した総カロリーではなく栄養のバランスです。野菜類を積極的にとるよう心がけましょう。

コラム 『朝食、昼食は別々に、夕食は一緒に』

朝、昼は夫婦別々に好きな時間に食べる、夕食は奥さんの手料理で一緒に食べる。私の先輩、Tさんの定年後の食事法である。

在職中は奥さんの作った弁当を持参するのが常であった。しかし、定年により弁当を作る必要のなくなった奥さんと、弁当を持参する必要のなくなったTさん。朝ゆっくり寝たかった奥さんと目が早く覚めるようになったTさん。相談の結果、定年を機に朝食はお互い好きな時間に食べる。台所や冷蔵庫をのぞいて、あるものを食べるということになった。Tさんは朝5時から起きだして6時から朝食。定番はトースト、コーヒーに四季折々の果物。そして新聞を読みながら1日の予定を確認する至福の時間である。朝が早いので昼もお腹がすく。朝食が8時の奥さんとはまたまた昼食の時間が合わないし、外出も多いので結局、昼食も別々ということになる。もちろん、食べ終わったら各自で食器類はしっかり洗っておく。

〈筆者の感想〉

定年退職者の多くの家庭で問題になるのが昼食。ご主人の在職中、奥さんは少なくとも昼食で頭を悩ますことはなかった。ところが定年を境に3食を準備することになると億劫になり、ストレスがたまる主婦も多い。主婦が食事を作ることに関し「朝食は義務で作る」すなわち1日のスタート源であり、元気の源であるのでおにぎり1個でもトースト1枚でもとりあえず準備する。「夕食は仕事で作る」すなわちバランスよい献立を考えて時間をかけて作る。結婚以来この2つで済んでいたのが、定年と共に新しく昼食が加わった。これは「何で作る」のであろうか。「サービスで作る」「ボランティアで作る」となるのではなかろうか。サービスということは作る人の気持ちであり、食べる人のために喜んで作るものであろう。少なくともご主人が「昼はまだか」「また、うどんか」と要求したり、内容に注文をつけることはおかしい。

いつまでも奥さんが元気であるという保証はない。長期入院でもされたら困るのはご主人だ。まずはスーパーでの買い物から覚えよう。

3.3 健康と病気

伸びる平均寿命

「定年後をいかに過ごすか」について論議され始めたのは、ここ10年くらいでしょう。その理由は急速に伸びた平均寿命にあります。最初にその伸びの様子を見てみましょう。（図3-1）は「平均寿命の推移」です。平均寿命の一番古いデータは明治24（1891）年～明治31（1898）年のものです。その後のデータも5年間隔程度で、現在のように単年度集計になったのは昭和22（1947）年からです。明治、大正から第2次世界大戦頃までのデータでは男性、女性とも平均寿命は45歳前後です。

織田信長が桶狭間の戦いの折、謡いながら舞ったという「敦盛」の一節「人間50年、下天のうちを比ぶれば、夢幻の如くなり」から考えて、日本人の寿命は、過去1000年程度は50歳以下であったと考えられます。

　しかし、第2次世界大戦後の平均寿命の伸びは図3－1に示すとおり急激なものがあります。昭和22（1947）年男性の平均寿命が初めて50歳を超え、女性は54歳でした。その後は右肩上がりで、ついに平成26（2014）年には平均寿命が男性は80歳を超え80・50歳、女性86・83歳になりました。そして2050年には男性84歳、女性90歳という内閣府の推計もあり、近年は100歳

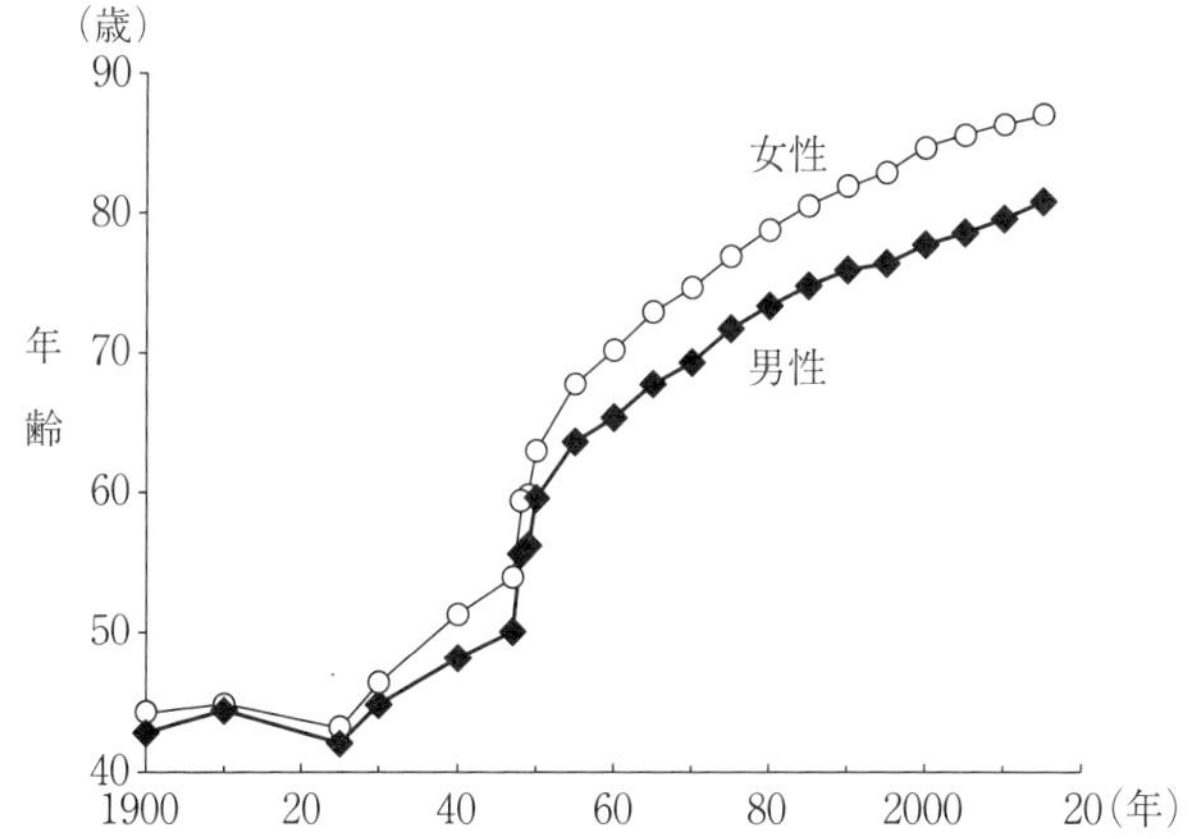

図3-1　平均寿命の推移
出典：厚生労働省「簡易生命表」

を超える人が急増しています。素晴らしいと思う反面、定年制という厚い壁があり、老後といわれる65歳以降をどう生きるかが問題となっています。
ここで定年制の歴史を簡単に振り返ってみましょう。

定年制の歴史

日本の定年制は大正時代の終わりから昭和の初め、すなわち1920年代に設けられた。当時の平均寿命は45歳程度だったが、定年は55歳とするのが一般的で数字上は寿命が尽きるまで現役で働けたことになる。この定年55歳制はあらゆる分野で採用され、昭和60（1985）年頃まで続いた。昭和61（1986）年60歳定年が努力義務化。平成10（1998）年60歳定年が義務化。平成12（2000）年65歳までの雇用の努力義務化。そして平成24（2012）年希望者全員を65歳までの雇用が義務付けられた。

この間、平均寿命は急速に伸び続け今や長寿国の一つになった日本。70歳くらいままでは先人の歩みを参考にすることができましたが、80歳、90歳となる高齢化社会では先例が少なく、私たちが先例にならざるを得ない状況です。未踏の世界に足を入れた感があります。

そして、これから高齢化社会を迎えようとしている諸外国は先輩国日本の歩き方を「どうすれば元気に長寿を全うできるのか」という観点から注目しています。いくら平均寿命が延びても、多くの病人を抱えて国家が衰退していくのでは参考になりません。

私たち一人ひとりが、いかに元気に過ごすかを考える必要があります。その健康づくりの準備を定年になってからしようというのではなく、現役時代、特に50歳前後から少しずつ備えたいものです。

健康寿命を伸ばそう

日本は世界で最長寿国ですが長寿だけを喜んではいられません。問題はその中身です。元気に自分で生活できるか、寝たきりや介護を受けて生活するのかでは生きている意味が違います。心身ともに自立し、健康的に生活できる期間を「健康寿命」といい２０００年に世界保健機構（ＷＨＯ）より提唱されました。

図３‐２は『高齢社会白書』に示された平成26年度の日本人の平均寿命と健康寿命の差です。

平均寿命は男性80・50歳、女性86・83歳であるのに対し、健康寿命は男性71・19歳、女性74・21歳です。平均寿命と健康寿命の差は男性で９・31年、女性12・62年です。つまり男性で約９年、女性で約12年は不健康な状態なのです。男女とも人生最後の10年余りは介護されたり、寝たきり状態

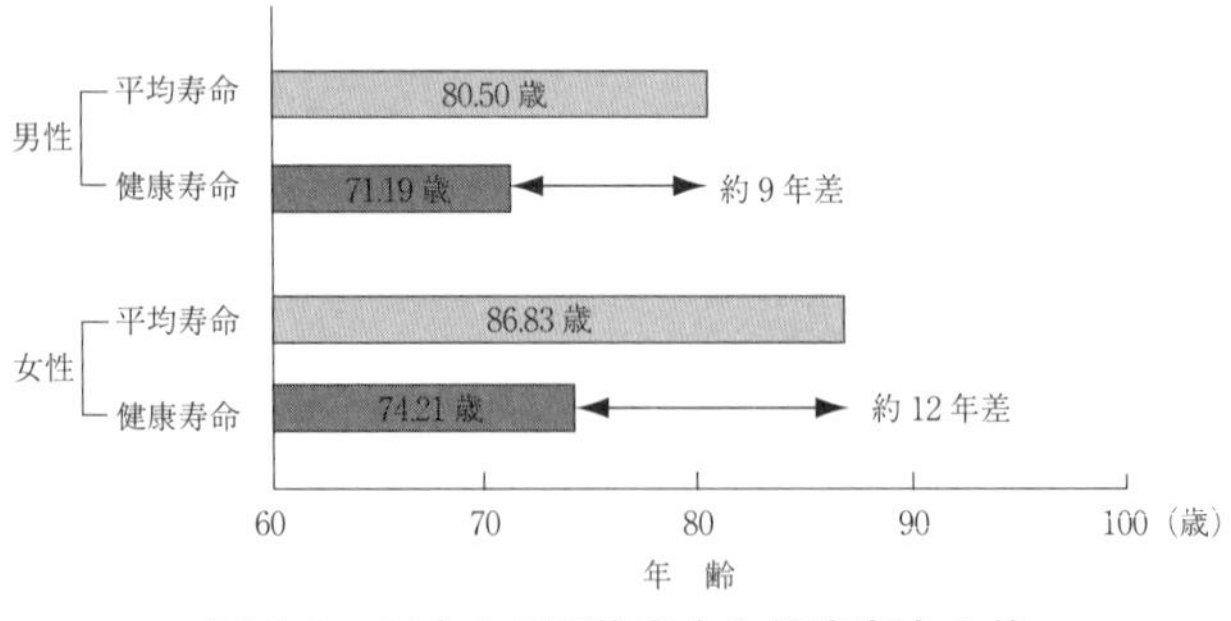

図 3-2　日本人の平均寿命と健康寿命の差

出典：厚生労働省「平成 26 年度簡易生命表」ほか

ということです。

さらに、足腰が弱って歩行が困難になる運動器症候群（ロコモティブシンドローム）や、転倒・骨折、肺炎、骨粗しょう症等高齢化に伴う傷病も増加しています。そして認知症の増加です。厚生労働省の推計によると２０２５年には65歳以上の人の５人に１人が認知症になると報告されています。

ここで、私たち日本人に求められるのは、健康寿命を延ばし、平均寿命との差を小さくし、他人の世話にならずに人生を過ごす努力をすることです。基本はバランスのとれた食事で腹八分に抑えることと運動です。その他に、健康で長生きするためにできることのひとつは脳卒中や心疾患などの生活習慣病の予防と早めの対処です。

健康寿命を延ばすには、俗に「テクテク・カミカミ・ニコニコ・ドキドキ」などと言われますが、これは適度な運動（テクテク）、三度の規則正しい食事（カミカミ）、心の健康（ニコニコ）、五感を使った感動（ドキドキ・ワクワク）を指します。

日頃から意識したいものです。

自分の寿命は自分で決める

定年を迎えるにあたって他人には相談できず、なんとなく不安なことがあります。「自分は何歳まで生きるのだろう」という答えの出ないぼんやりとした不安です。いくら貯金をしておけば、他人に迷惑をかけずに済むのだろうか、老いて病気になったら誰のお世話になるのだろう、と考えたらキリがありません。それなら自分の寿命がわかったら解決するかといえば、そう簡単に割り切れそうもありません。この不安を解消するには他人の平均で判断するより自分で「何歳まで生きる」と勝手に決めるのはどうでしょう。

筆者自身は定年3か月後、この不安に襲われました。70歳の時です。母が93歳、父は99歳と長寿でした。最初に設定した私の寿命は間をとって95歳です。あとまだ25年あると妻に話したら「駄目」という。そして「おじいちゃんも93歳、父が

99歳だったのだから、それ以上でしょう」。そんな考えもあるかと思い父の年齢に1歳足して100歳にと考えてみたがみみっちすぎる。そこであと5歳足して105歳にしました。

人間の精神とは不思議なものです。105歳に設定した途端、それまで鬱々としていた1か月にわたる心の霧が嘘のように消え、目の前も頭の中もパッと明るくなり「あと35年か長いな。ひと仕事どころか、ふた仕事もできるぞ、やるぞ」と突然目覚めたのをよく覚えています。

少し長めに自分の寿命を設定してみてはいかがでしょうか。自分で「何歳」と決めれば、そこに到達するために、どうすればよいか、何ができるかを考えるようになり、やる気、意欲がわいてきます。

コラム

『自分の寿命を知りたいですか？』

「もし自分の寿命が分かるなら、知りたいですか」という朝日新聞（平成

28年2月20日）の調査結果がある。２１１９人の結果は寿命を知りたい派（48％）と知りたくない派（52％）が伯仲している。両派の理由のトップは「知るほうが人生を有意義にできる」「知らないほうが人生を有意義にできる」である。

【知りたい派の人】この考えは人生を計画的に進められるとの期待である。

・自分の寿命を知り、そこから逆算して人生計画を立てたい。余命が短ければ、すぐに大学に進む。長いならまず働いてお金を貯める。

・今の人生が楽しいから、それがいつまで続くか知りたい。ボランティアや自転車、山歩きを制限なく楽しむ。

・子供や孫に迷惑を掛けたくない。身辺整理の段取りを組みたい。

【知りたくない派の人】明日のことより日々の生き方を重んじる。

・一昨年皮膚がんになった。一日一日を大切に生きたい気持ちが強い。

・４年前すい臓がんになった。早期発見だったので今でも生きている。以来、人生の長さより、生き方に重きを置いている。

また、「長生きは幸福か?」という質問に対し、幸福・どちらかと言えば幸福(35%)、不幸・どちらかと言えば不幸(19%)、どちらともいえない(46%)。「老後の大きな不安は?」の問いに1908人(90%)の人が認知症などの病気をあげた。2番目が老後の生活費で1460人(69%)、以下、社会の情勢、政治や制度、事故と続く。

「健康や長生きのために注意していることは?」に対し、1499人(71%)が食事、1258人(60%)が運動、以下に趣味、睡眠、家族との関係、読書などと続く。「人間の理想の寿命は?」に対して、最多は76~80歳(25%)で平均寿命を下回っている。続いて81~85歳(21%)、86~90歳(18%)。

昼寝は浅く、短く

健康を保つ条件のひとつに「心と身体の休養」があります。夜、風呂に入り疲れを取り、ゆっくり休むのは当然として、昼食後の昼寝も効果があります。

２０１４年、昼寝に関する２つの報告が出されました。ひとつは厚生労働省の「健康づくりのための睡眠指針」で、勤労世代に対し「30分以内の昼寝などが作業能率の改善に効果的」と呼びかけています。もうひとつは東京ガス都市生活研究所が15歳から79歳まで男女２６００人を対象に行った昼寝に関する実態調査で、約41％が「よくする」「時々する」と答えています。しかし、さすがに40代50代男性は約30％と低くなっています。

勤務しているとき昼食後、無性に眠くなる経験をしたことは誰にでもあるのではないでしょうか。これは体内時計のリズムから食事の有無にかかわらず、午後2時ころに眠気が来るためだといわれています。

定年になっても体内リズムは変わることなく昼食後眠くなります。幸いなことに定年後は、誰に遠慮することもなく昼寝をすることができます。大切なのは昼寝をしたことで夜の睡眠に影響しないようにすることです。昼寝から夜寝るまでに8時間空けると寝付きやすくなるといわれるので、遅くとも午後3時前には昼寝から起きるように心がけます。

昼寝は熟睡する前に起きることが大切で、60歳以上の人だと30分以内に起きる、短く、浅く寝ると認知症の予防になるといわれます。熟睡して1時間2時間と寝てしまうと起きた後も眠気を引きずり、かえって体がだるくなってしまいます。5分といった短い仮眠でも、起きれば脳の活動性があがり夜も眠りやすくなります。昼寝は横になって寝るのではなく、ソファーや壁にもたれかかって寝るとか、椅子にすわって机にうつ伏せになって寝る、いわゆる、うたた寝が理想といわれます。

これまで昼寝の習慣がない人でも、5分間目を閉じているだけでより多くの情報が入るのを防ぎ、脳を休めることになります。

「はちまるにまる」運動

65歳を超えてくると虫歯や歯周病により歯を失うケースが増えます。８０２０

（はちまるにまる）運動というのを聞かれたことがあるかもしれません。「80歳になっても自分自身の歯を20本以上保とう」という運動です。成人の歯数は28〜32本と人により異なりますが、どんな食物でも噛むのに必要なのが20本といわれます。しかし食べ物を噛むのに最も重要な歯である奥歯、第一大臼歯４本が健全な成人は１％もいません。最近は虫歯が急激に減り、歯の抜ける主な原因のひとつが歯周病です。健康を保つには食事が大切ですが、それを支える歯もしっかり保ちたいものです。

年を重ねるにつれて自分で意識しないうちに筋力や活動力も弱まってきます。そのひとつが口の中の老化です。食べ物を咀嚼しづらくなる、口から食べ物がこぼれやすくなる、むせる、唾液が出にくく口が渇く等といった症状が現れます。しっかり噛んで食事をし、咀嚼筋の働きをうながすことで改善するといわれます。「滑舌が悪くなった」と感じるのも老化現象のひとつです。定年を迎え仕事がなくなると会話が急激に減ります。特に男性に多いものです。この口の中の老化を防ぐには、会話を増やすか、相手がいなければ新聞や本などを声を出して読むことです。口の中の老化を防ぐには「咀嚼」と「会話」が大事といわれます。

高齢者が気をつけたい病気・ケガと予防

生活習慣病は現役世代から注意が必要ですが、高齢になり身体機能の衰えに伴っていろいろな変化が起きてきます。特に高齢者の割合が多い（1）骨折、（2）認知症、（3）熱中症の3つについて予防を中心に述べましょう。

(1) 骨　折

高齢者にとって骨折は致命傷といわれます。特に骨折しやすいところは腕の付け根、太ももの付け根、手首、背骨などです。このうち太もも付け根の大腿骨骨折は歩く能力を回復するまでに時間がかかるため寝たきりになり、その間の筋力低下から身体全体の機能が低下し、結果として認知症を発症することがあります。

大腿骨頸部骨折は軽くつまずいても転んでもなりやすい。これを防ぐには膝を持ち上げる運動が必要です。背骨と脚の付け根を結ぶ大腰筋は太ももを上げたり、姿勢を正しく保つために大切な筋肉です。また、太ももの前面にある大腿四頭筋は膝をまげたり、伸ばしたりするのに大切です。ウォーキングや散歩中に意識的に膝を上げたり、階段があれば積極的に利用し、筋肉増強に努めるのが良いでしょう。筋肉は年齢に関係なく幾つになっても鍛えて強くすることができます。

また、骨折の原因は骨密度の低下にもよります。年を重ねたり、閉経によるホルモンのアンバランスから骨密度の低下を招きます。カルシウムの多い乳製品、大豆製品、小松菜等をとり、カルシウムの吸収を高めるために魚類に多く含まれるビタミンDを合わせてとりたいものです。

(2) 認知症

認知機能の障害により社会生活などが困難になる病気の総称でアルツハイマー型、レビー小体型、脳血管性などがあります。

アルツハイマー型認知症は脳神経細胞が死滅して、脳が萎縮します。70歳位からの発症率が高いが潜伏期間が長く発症までに20年以上かかるといわれます。認知症予防に良いもののひとつに運動があります。運動することで筋肉を刺激し血液中の成長ホルモンを増加させます。成長ホルモンは脳神経細胞の生存と成長に関係するたんぱく質の分泌を増加させる働きを担っています。脳神経細胞を元気にし、認知症にならない脳を作るための運動として、どこでもできるウォーキングを毎日30分~1時間程度心掛けたいものです。

⑶ 熱中症

7月から9月にかけて急増する熱中症。患者のおよそ50%が65歳以上です。高齢者はなぜ熱中症になりやすいのでしょうか。

・体内の水分量が不足し、脱水症状に陥りやすくなっています。
・暑さに対する調整機能が低下し、暑さを感じにくくなり、身体に熱がたまりやすくなっています。

熱中症にかからないためには適度な運動をして発汗を促すと体温も上がり、身体の表面に血液が多く回ることで放出する熱量が増え、体温の調整機能が改善します。

発汗を促す適度な運動としてウォーキングがあります。速歩きとゆっくり歩きを3分ずつ交互に30分程度続けます。ちょっときつい程度で高齢者や体力に自信のない人でもできます。終わったら30分以内にたんぱく質と糖の混じった食品、例えば小さい梅おにぎり、鮭おぎりにお茶あるいは豆乳などをとるとよいでしょう。1週間に4日以上、1か月続けると熱中症になりにくい体になるといわれます。

人の身体の水分は筋肉内に蓄えられます。特に太ももの筋肉が最大の貯水場所です。ウォーキングで太ももの筋肉を鍛えることにより体内の水分量も増え熱中症になりにくくなります。

第4編 人間関係

定年になってみないと見えてこないのが定年後の人間関係です。30年、40年にわたるサラリーマン時代の人間関係は職場中心ですが、定年後は自宅を中心としたものになります。この機会に、自分自身を改めて振り返り、夫婦をはじめとする人との関係、あるいは地域社会との関係はどうあるのがよいか考えてみましょう。

4.1 夫と妻の関係

だらしない亭主になるな

定年1週間、朝10時が過ぎてもパジャマでいませんか、テレビの前にいませんか。パジャマの着替えは、朝食前には終えたいものです。この頃になると「お父さん着替えたら」「テレビばかり見ていないで、何かしたら」と奥さんからの注文。「やっと得た自由な時間、どう使おうと勝手だ」と思いたいが、奥さんからの応援メッセージと受け止めましょう。

定年前、奥さんはご主人を会社へ送り出したあと、基本的には午前9時～午後6時の間は自分で調整のできる時間でした。

それがご主人の定年を境に自由が利かなくなっています。昼間、デパートに行こうとする、夕食の準備にスーパーへ買い物に行こうとすると「どこに行く、俺も行こう」の声。奥さんにしてみたら「1人にしてよ」と言いたいが、言いづらい。「濡れ落ち葉」といわれる所以です。濡れ落ち葉ならまだ外に出たいという意欲が感じられますが、新聞を読んで、昼寝して、テレビの前で1日ゴロゴロしている、奥さんが外出しようが特に興味も示さない。「粗大ごみ」と呼ばれます。もう一歩進むと、会社に奉仕し、全てを奪い尽くされた状態で傍から見ていると何を考えているのか見当もつかない。これでは誰が見ても使い物になりそうにない。「産業廃棄物」と呼ばれる所以です。

「郷に入れば郷に従え」の言葉があります。自宅に関しては、土地も家も名義はご主人のものであっても、実際に家を守り、取り仕切ってきたのは奥さんなのです。奥さんにしてみれば、これまで自分の自由になった時間と空間に異物が飛び込み、勝手に行動する。これまでの生活のリズムが乱されているのです。

ご主人には自由な時間がたくさんあります。1日に数時間は打ち込める目標を決め、楽しみながら1日1日を充実させたいものです。

夫婦の距離感が大切

数十年に及ぶ職場の生活から解放され、夫婦で一緒に過ごす時間にある種の期待を持って迎えた定年生活です。奥さんとなるべく多くの時間を過ごしたいと思っています。定年まで仕事、仕事で家庭を、妻を顧みることができなかったことへの罪の意識があるのかもしれません。

一方、妻のほうは子育てが一段落する頃からサークルや趣味の会等を通して仲間づくりを進めており、夫が定年の時には、しっかりとした「自分の世界」が出来上がっているのです。

「夫源病」というのがあります。夫の言葉や行動がストレスとなり、妻がめまいや動悸など更年期障害と同じような症状を呈するものです。何しろ結婚以来、朝ご主人を送り出し、帰宅するまでの時間を自分でコントロールし誰に干渉されることなく過ごしてきたのです。それが、夫が定年を迎え家にいることが多くなると自分の時間はなくなるし、文句は言われる。こういったことが日々積もると、まじめな奥さんほど気が滅入り夫源病を呈することになるのです。

平均寿命が延びるに伴って定年後、夫婦二人で過ごす時間も増えています。

一方、その過ごし方は夫唱婦随と言われた頃とは異なります。2016年の住環境研究所による調査では「定年後、1人の時間が欲しい」と思う男性は約56%

であるのに対し、女性は72％です。夫が定年後は妻とゆっくりした生活を送りたいと思い、妻も同じ考えだとしても1日中べったりでは疲れます。1日のうち何時間かはそれぞれ個人の時間を過ごしたいということです。

夫婦の仲を良好に保つ秘訣は、お互いが何でも口に出して言い、腹にため込まないことですが、1日のうち数時間はそれぞれ1人だけの時間を持つことも大切だといえます。時には友達と旅行に出かけるなど別々に行動し、夫婦お互いが距離を置いて生活することも必要です。その根底にはお互いを尊重する気持ちを忘れないことです。無事そして元気に迎えた定年です。夫婦お互いにストレスのたまらない生き方をしたいものです。

「ありがとう」「ごめんなさい」「愛してる」が照れずに言えますか。

夫婦の基本はお互いの尊重

30年40年と連れ添ってきた夫婦です。平坦な道を歩いてきた人も、必ずしもそうでなかった人にとっても定年は過去を振り返り、改めて夫婦の今後のあり方を考えるよいタイミングになります。

数字上の結婚生活は長くても、朝出て夜帰る日々の連続であった勤務中は一緒にいてお互いのこと、将来のことなど立ち入った話をする時間はそんなに多くはなかったのではないでしょうか。しかし、定年を機に、ともに過ごす時間は間違いなく増えます。問題はどう向き合うかです。結婚から定年までの数十年間に夫の生活パターンと妻の生活パターンは明らかに異なったものになっています。これから20年30年と続く定年後生活です。お互いが自分の生活パターンを押し通したり、押し付けたりするのでは気持ちよく過ごすことはできません。

数十年の間に夫婦お互いの良い点も欠点も知り尽くしているでしょう。相手と自分の間にいろいろな違いがあるから面白い、それを知ったうえで楽しむという考え方もよいのではないでしょうか。考えの底にお互いを尊重する気持ちがあれば、これまでと違った夫婦の関係が築かれるでしょう。お互いの良いところを見つけては褒める。「今日の服、似合ってるね」「煮魚美味しかったね、なんという魚？」「美容院に行ってきたの？」。夫から妻へだけでなく、妻から夫への言葉もまた必要なのは当然です。「散髪に行ったの。すっきりしたね」「新しいジャケットよく似合うね」。気付いたことを口にすることです。新聞やテレビから共通の話題を拾い話のネタにするのもありです。「水仙の花が咲いたよ。今年のは大きいね」「雀がたくさん庭に来てるよ」でもよいのです。これらの言葉をベースに話題を広げていきましょう。

定年後は「もの」の世界ではなく、「言葉」の世界でもあります。「花に水、人に言葉」です。

「君は君　我は我なり　されど仲よき」　武者小路実篤

避けたい定年離婚

結婚後、20年以上たって離婚するのを「熟年離婚」といいます。熟年離婚には

3段階あるといわれます。最初は40歳代。2番目は60～65歳。3番目は70歳代。それぞれ特徴があります。

40歳代の原因はコミュニケーション不足からくるものです。

60～65歳離婚。定年離婚です。定年した夫は会社での上下関係を自宅に持ち込む。ご主人にしてみればやっと定年まで働きホッとして奥さんが何でも面倒を見てくれると思い楽しみにしていたが、必ずしもそうならない。

ご主人は、勤務中、会社に出かければ自分の机があり、話しかければしっかり返事を返してくれる同僚、仲間がいた。つまり居場所があったのです。定年になれば自宅はあっても、話し相手は基本的には奥さんです。

ご主人の勤務中、奥さんは1日の時間を自分の裁量でコントロールできました。ご主人の定年に合わせ24時間一緒に生活するという窮屈なことはできず、あげくに離婚ということになるのです。

70歳代離婚。定年離婚をせずに過ごせた夫婦でも夫の束縛が大きいと、奥さんは「残りの人生を自由に生きたい」ということで離婚に進むことになります。離婚すると男性は早死にする傾向にあるが、女性は変わらないと言われます。

熟年離婚、定年離婚へと進まないようお互いの努力が欠かせません。

心にゆとりを

人間関係は夫婦に限らず、親子といった近い関係の人に対して「甘え」が生じます。「言わなくてもわかるはずだ」「言わなくても察してほしい」という甘え。どんなに親しい関係でも、その人が何を考えているかは本人にしかわかりません。「察してくれるのが当たり前」という甘えは通用しないと考えたほうがよいでしょう。大切なのはコミュニケーションを図ること、すなわち、お互いが考えていることや感情をしっかり伝えあうことです。

・聞こえているのに、答えるのが面倒で聞こえないふりをする
・意味ありげなそぶりや中途半端なものの言い方をする

・不機嫌な様子を言葉には出さずに態度で示す
・それとなく遠回しに言って相手の様子を見る

このような態度で相手に接すれば、相手にいやな思いをさせるばかりでなく不信感を抱かせることになります。言葉も態度も良いことも悪いことも素直に表現します。表現不足は、言った方も聞いた方もお互いにシコリが残ります。

〈シコリが残らない関係＝信頼できる関係〉になるためにもしっかり話をすることが大切になります。

「他人と過去は変えられない」と言われます。その代わり「自分と未来は変えられる」のです。努力するのは自分だけでもいい。そのうち相手も必ずわかってくれるはずです。そして信頼関係がしっかり戻れば、改めて「以心伝心」の世界に戻しましょう。これから30年ある二人三脚の生活は長いので、心にゆとりをもってお互いを信頼し、気持ちよく過ごしたいものです。

4.2 自分の居場所

男は孤独か

定年になり時間の余裕ができ、健康維持のため公園等へ散歩に出かける人も多いのではないでしょうか。池の周りや広場のあちこちにベンチが置かれています。ウィークデーのベンチには見るからに定年退職者と思しき人が日差しを避けながら座っています。スマホやパソコンを楽しんでいるのではなく、本や新聞等の活字を追う人たちです。ひとつのベンチに1人。デパートの屋上でも公園と同じ光景を目にします。

筆者は定年の翌年にカルチャーセンターへ水彩画を習いに通うことにしました。20人程度の教室です。14、5人の女性はそれぞれ隣どうしで時折おしゃべりをしますが、全員定年組と思える5、6人の男性は必要最小限のあいさつ程度で、それ以上のことは話しません。しゃべっていては絵が描けないのは確かですが、1年たってもお互いの名前すら知らない状態で結局、やめてしまいました。

ときどき公立図書館に出かけることがあります。ウィークデーの昼間は定年組でいっぱいです。図書館の性格上おしゃべりはないとしても静かすぎます。毎日、顔を合わせる人でも挨拶したり、声をかけることもほとんどないようです。

また、登山や山歩きをよくする友人の話を聞くと、女性は1人で来ることはほとんどないが、男性は1人が多いといいます。

男は本来孤独なのでしょうか。1人で生きるための遺伝子を持ちあわせているのでしょうか。それとも長いサラリーマン生活から学んで身につけた知恵なのでしょうか。

それでも外に出る人はまだよい。問題は定年直後の忙しい時間が一段落した後、外出しなくなる人です。外には必要最小限しか出ず、外部と距離を置く生活に入るとテレビの前に座る時間が長くなる例はよく聞きます。これから20年、30年にわたってこのような生活を続けることができるでしょうか。

楽しく意味のある二度目の人生を送るには、社会とつながりのある生活に戻す必要があります。定年を迎えた人ばかりでなく、現役の人、若い人も集い会話と笑いがある場所に出かけてみることです。その情報は市区町村の広報紙、もっと身近には町内会や自治会の回覧板等で見つけることができます。

「地域包括支援センター」という名前を聞かれた方もおられるでしょう。厚生労働省の「地域包括ケアシステム」に沿って２０２５年を目標に全国で設置が進められています。地域の高齢者の保健医療向上や福祉の増進を支援することを目指して、市区町村が中学校区を単位として設置しており、すでに完成し活動を進めているセンターもたくさんあります。内容はボランティアの相談、囲碁、麻雀、書道、料理、体操、詩吟、手芸など地域にあった取り組みがなされています。一度出かけてみると、きっと新しいグループとの出会いが待っているはずですし、これまでと違った友達が作れるに違いありません。

孤立化を避ける

65歳以上の高齢者の万引きが急激に増えています。『平成28年版犯罪白書』によると、万引き全摘発者の約37％が高齢者であり、少年万引き者約15％の2倍以上です。定年前にはそのような前科のない人が、定年になり年を重ねると何故、このような行動に走るのでしょうか。

現在の定年退職者は高度成長を支えてきた自負があります。そのプライドが強すぎるといわれています。定年になり、在職中にあれほど欲しかった時間が余るほどあるが、やることがない。誰からも必要とされない現実です。思うようにならないことでストレスがたまり、勝手に孤立化していくのです。万引きが「心の病気」と言われる所以です。

長寿社会になったからといって長く働けるわけではありません。体力も能力もまだあるのに職がない、つまり自分の存在意義が認められないのです。

高齢者万引きの最も多い場所はスーパーです。万引き品は何万円、何十万円するものではなく、約70％は安価な食料品、おにぎり1個、アンパン1個、缶コーヒー1缶といったものが多い。万引きは悪いこととわかっている。しかし、なぜか手が出るのです。経済的に特に窮しているわけではなく財布の中には1万円札が入っており、商品を買えるだけのお金を持っているのです。

高齢検挙者の40％が1人暮らしであり、理由は「生きがいがない」「寂しかった」が多いと言われます。

この年代になると「マナーやモラル」を教えられる機会は全くありません。このような状況になる前に地域社会に出て、話し相手、相談相手を探しましょう。孤独なのは自分だけではないことを知り自分から心を開けば、きっとそれに呼応し、そのうち何でもしゃべれ、相談できる人が見つかるはずです。

若い人たちの見本となるような生き方をしたいものです。

自分の居場所を見つける

「よく働いたな、ゆっくりするぞ」と楽しみにしていた定年。その楽しみも最初の1週間です。次第に我が家が必ずしも居心地の良い場所ではないことに気付きます。在職中のたまの休みと違って、毎日が自宅となると話は変わってきます。

一番の問題は奥さんとの関係です。奥さんは朝から晩まで一緒にいるのに慣れず、生活のリズムを崩されるので、体調に変化を生じたり、精神的にもストレスがたまるといったことになります。結果として夫婦間がギクシャクすることになり、楽しみにしていた定年生活も思ってもいない方向へいくことがあります。ご主人はせっかくの自宅に安心して落ち着ける居場所が見つからないのです。奥さんが最も嫌がるのが家の中をあっちに行ったりこっちに来たりされること、ゴロゴロされること、小言を言われることです。奥さんからすれば外に出ていってくれたほうが有難いのです。

ご主人の心の準備としては「郷に入れば郷に従え」を思い出し、「この家の太陽は奥さん」と思い、盛り立てていく気持ちになることです。

仕事上の能力はこれまで十分に発揮されたが、この過去の栄光は自分の心にしまって、改めて家庭でのテーマ「定年後の家庭を作る」を掲げて再スタートを切ることです。そして、自宅における自分の役割や仕事を持つことによって「このことはご主人に任せた」という家族からの信頼が得られれば、棲み分けができ、おのずと自分の安心できる居場所が見つかるはずです。そして夫婦が干渉しない数時間を毎日持てれば自宅はきっと心地よい空間になるはずです。そのためにも改めて、夫婦で落ち着いてじっくり話し合う時間を持ちたいものです。

コラム

『教養があってよかった』

私の友達のNさんは有名な全国書道展の審査員をされ、毎年、個展を開催する実力派である。定年退職後、木曜日と土曜日に地元で書道教室を主宰している。土曜日の教室には中学生、高校生、社会人がほとんどだが、木曜日午後の教室は家庭の主婦と定年退職した男性で占められる。ある日、一段落したところで1人の定年男性生徒が「先生、きょうようがあってよかった」。するると先生が「書道のどんなところが教養として良いと感じられたのですか?」、男性生徒「書道教室に来るということは、今日、用があるということで大手を振って家を出れますし、妻も喜ぶんですよ」。すると先生が「きっと奥さんも教養がある方なんでしょうね」。

同じような話に「きょういくばしょがみつかってよかった」というのがある。聞いた人は「教育の場所? 講演会か大学での教養講座でも見つけたのかな」と推測するが、定年退職者は「今日、行く場所が見つかってよかった」。

Nさん曰く「自分は定年しても書道で忙しいが、何もない人は1日をどう過ごすかに気を使われているようです。みんな立派な人だが、それぞれに苦労があるようですね」。

4.3 地域社会との関係

地域を知る

在職中、会社以外の人と人間関係を持たない人は多い。これは男性だけではない。近年は共働きの家庭が増え女性も同じです。フルタイムで働きながら定年を迎えた男性・女性とも地域デビューが苦手といわれます。地域活動に参加するにはどうすればよいのでしょうか。定年で組織人から自由人になると、会社一筋でまじめに働いてきた人ほど何をしたらよいかわからないようです。

地域に出る前に、まず自分自身を振り返ってみましょう。「自分は何をしたいのか、何ができるのだろうか」以前からしてみたいと思っていたこと、自分の知識や経験、趣味や特技・資格を書き出してみます。その中から2つか3つ自分のしたいことが決まったら、それを個人でしたいのか、既存の団体に入ってしたいのか、新しい団体を作ってしたいのか、を決めます。

個人で何かしたいことが決まれば、スケジュールを立てマイペースでできる。長老の多いグループが嫌なら同世代の仲間と集まって自分たちで作るのもよいでしょう。既存の団体に加入する場合には自分の条件を書き出します。

①参加できる日は週に何日か、月に何日か

②都合のよい曜日、時間帯は

③1回の活動時間は午前中か午後かあるいは数時間か

具体的にどのような活動があるのでしょうか。

〔地域活動に関心のある人〕

地元の祭りや運動会等への協力、公園の清掃、スポーツやレクリエーションの指導、防犯・防災への協力

〔福祉分野に関心のある人〕

高齢者への訪問と話し相手、読み聞かせ、手話、通訳、点字訳、施設やホームでの行事や活動の手伝い

〔趣味や技術に関心のある人〕

囲碁・将棋、書道・漢字の指導、写真・ビデオ撮影、パソコンの指導、歌・ダンス、楽器演奏

〔自然保護に関心のある人〕

子供たちに草笛・竹とんぼなどの作り方指導、里山を守る、川や海・公園のゴミを拾う

〔国際交流に関心のある人〕

ホームステイへの協力、外国人に日本語や料理を教える、外国人への町を案内する

その他にもいろいろありますが、少し頑張れば自分にもできることを探します。できれば定年後、半年以内を目途に探す時間を区切るとよいでしょう。

さあ自分がしたいこと、参加したい団体を見つけたらいよいよ地域デビューです。歩いたり、自転車で行ける場所でなくても、続けていける場所なら遠くても構いません。

団体へは前もって連絡します。初顔合わせです。受け入れる側もどんな人が来るのだろうと興味津々です。どんな人の加入を期待し、歓迎するのでしょうか。各種調査では、協調性のある人、明るい人、広い見識を持つ人、積極的でユーモアのある人、下品な話をしない人、他人の悪口を言わない人等、素晴らしい言葉が並びますが、どれか一つ心当たりがあれば問題ありません。

地域の情報を集める

地域の情報はどこで入手できるのでしょうか。各種情報を集め、まとめて発信しているところは役所関係ですし、実際に活動しているのは市民団体です。

［情報を発信しているところ］

・市区町村役所・役場の市民課等（広報紙等）

・市民活動支援センター

・地域の掲示板、回覧板

［市民が活動している場所（行ってみる、聞いてみる場所）］

・公民館、集会所、コミュニティセンター

・シルバー人材センター

・自治会、町内会、老人会

・老人福祉センター

・ＮＰＯ団体

2枚目の名刺で自信をつけよう

サラリーマン必携の名刺。勤めている間に、会社の名刺とは別に、もうひとつの名刺を作ってみましょう。会社名、役職名を抜いて名前と住所だけで作ります。もちろん仕事以外の時に使うものです。

初対面の人にその名刺を出した場合、どの程度の信用が得られるでしょうか。飲み屋に行く、ゴルフに行く、旅行に出る……いろいろなところで見知らぬ人に会い、名を名乗る機会があります。そのとき「名山ひとり歩きの会　代表幹事」「やまびこテニスサークル　コート連絡係」といった名刺を出してみましょう。裏側には自分の趣味や興味を持っていることをたくさん並べるのもありです。その内容に関心を示す仲間が見つかるかもしれません。この名刺なら定年後も十分使えます。

もちろん現役バリバリであれば、社名入りの名刺は当然持っているはずですし、使う用途もあります。しかし、２種類の名刺を持って場所により使い分け、肩書を外した練習をしておくことは、定年後の過ごし方に大きく影響を及ぼします。最初は何となく自信がなくても、2枚目の名刺で信用されるようになると定年後に向けて自信がつきます。ぜひ、2種類目の名刺を作ってみませんか。

地域言葉を知ろう

「吉田君、この仕事今週末までにやってくれないかな」「次の会議に間に合うように資料の準備頼むよ」「かしこまりました。次の手はずを整えておきます」などは典型的な会社言葉です。しかし、地域社会においてはこのような言葉は使いません。

リタイアした後は、それまで朝の通勤時にしか会わなかった隣近所の人との会話も「おはようございます」「こんばんは」だけでは済まなくなります。

近所の庭先に花が咲いていれば「きれいな花ですね、なんという花ですか」から次の会話に発展します。「気持ち良い風ですね」「朝晩冷えますね」「雨が降りそうですね」。

幼稚園から子供をつれて帰る若いお母さんがいたら、子供に向かって「おかえりなさい、幼稚園楽しかった?」「うん」「何歳かな」「5歳」「大きいね」。するとお母さんも会話に入ってきて「この子、クラスで2番目に大きいんですよ」。近所での会話もここまでできるようになれば楽しくなります。

このような言葉自体は知っていても在職中に使ったこともないし、使う必要もなかったでしょう。家庭を主にした生活、自宅を主にした生活をおくる定年後は、ありふれた「暮らし言葉」「地域言葉」が使えるかどうかがスムーズな人間関係を作るカギになるといってよいでしょう。

「井戸端会議」という言葉があります。女性特有のもので、買い物帰りや朝のゴミ出し時などで見る光景です。内容はわかりませんが、30分、1時間と続きます。男性には真似しにくいものですが、地域社会で生きる術なのです。

4.4 友の大切さ

友の有難さを改めて知る

定年を迎えて改めて気づくことのひとつに友達の有難さがあります。まだ在職中であれば定年後を見据えて友人を作る努力をする必要がありますし、すでに定年を迎えていれば現在の友人関係を大事にしたいものです。

30年、40年にわたった勤務中の話し相手は主に職場関係の人でしたが、定年後の主たる話し相手は奥さんです。子育て時代は夫婦共通の話題がありましたが、定年後2人で話題に花を咲かせることが少ないことに気付きます。

振り返ってみると、何でも話せる友人、気の許せる友人、互いに信頼しあえる友人というのはどれほどいるでしょうか。定年を挟んで年賀状が激減するという話はよく耳にします。

改めて定年後、連絡を取り合い、たまに会って食事をしたり、一杯飲みながら日々の生活の様子に始まり、日本のこと、政治のこと、経済のこと、趣味のこと等、話がどこに飛ぶかわからない会話のできる友を思い出してみると、中学時代、高校時代、大学や専門学校時代の同窓生と、同じ職場で過ごした仲間が大半です。つまり、所属先でできた友です。

これらの友は、多くの場合、地理的に遠いところに住んでいます。奥さん方が子供を通して知り合いになった人、隣近所の人、趣味のテニスや卓球、手芸等で知り合った仲間等が自宅から近いところに住んでいるのとは対照的です。

定年後に新しく友人ができるケースは多くありません。それだけに、かつて机を並べた学校や職場時代からの友の大切さ、有難さを改めて知り、この友人関係を大事にし、長続きさせたいものです。その秘訣はお互いが尊敬と尊重の念を持って接することです。60歳を超えた人間が自分の考えを変えることはむずかしい。久しぶりに会って話に花を咲かせるのは楽しいのですが、話題によっては避けたほうがよいものがあります。思想信条に関わる話、特に選挙や原子力発電など政治がらみの問題は激論になることさえあります。お互いに過度な主張や押しつけは禁物であり、深入りしないか触れないほうがよいでしょう。

同じ時代を共に楽しみ、喜んだ人生の友です。「親しき中にも礼儀あり」を忘れず、良き友人との交わりを大切にしたいものです。

人間関係を楽しむ余裕を持つ

好むと好まざるとにかかわらず定年前の職場では人間関係に悩まされた経験をお持ちの方も多いのではないでしょうか。人間関係が原因でストレスを感じることは多いでしょう。厚生労働省の平成24年度「労働者健康状況調査」によるとストレスの原因で最も多いのは「職場の人間関係」と報告されています。

定年を機に人間関係の悩みから解放され、他人に気を使わず過ごせると期待している人は多いはずです。定年後、1人で生きていく、あるいは家族だけで楽しく生きていくことができれば、これほどハッピーなことはないでしょう。しかし、定年といえども生活を送るうえで社会、特に地域社会と関係を持たざるを得ません。そのひとつに趣味の会があります。絵画教室、コーラス、囲碁将棋教室、料理教室、山登りの会、テニス、バドミントン等々への参加です。

趣味や嗜好を共有したい、1人ではできないなどの理由でグループに参加することになります。そこに気の合わない人がいたら、嫌な思いを深くする前にやめられるし、次を探すこともできます。その他に、町内会、自治会活動など地域活動もボランティア組織であるため気の合わない人がいるかもしれません。しかし、自分と違う考え方の人を別の角度から見てみると教えられることがたくさんあることに気付きます。

ほとんどの人は定年後、原則として以前の職場、役職等については言及しませんが、行動や言葉の端々から、なんとなくどのような分野で過ごされた人だなというのが推測できます。そこには自分がこれまで知らなかった分野や世界があり、考え方・発想の異なる人がいます。これを、おかしい、嫌だと考えず「どうしてあのような考えをするのだろう」と相手の身になって考えてみるのも面白いものです。定年を機に、これまでの自分とは異なった視点からの「物の見方・考え方」を学ぶ絶好の機会と捉え人間関係を楽しむ余裕を持ちたいものです。

第5編 趣味

定年後、趣味が必要だということはよく聞きます。趣味だけで定年生活を過ごすことはむずかしいことですが、生活に変化をつけ、豊かな生活を送るうえでぜひ欲しいものです。ひとつと限らず何種類かあるとよいでしょう。自分1人でできるもの、グループでするもの、室内での楽しみ、屋外の楽しみ、いずれにせよ長続きするものにしましょう。

5.1 趣味が定年生活を豊かにする

「趣味があるとよいですよ」

「お元気そうですね。定年後の生活はいかがですか」「趣味を持っているといいよ。まだ働いているうちから打ち込めるものがあるといいね」

定年を数年後に控え、筆者にもその日が遠くないことを思い始めたころから、定年を既に迎えた先輩や同窓生に会うと、このような会話をしていました。

先輩の多くが「趣味や打ち込めるものを持つとよい」と言われるということは、きっとこの言葉は定年後の経験から感じ取られた大事なことだろうとは察しがつきました。

しかし、趣味にしても打ち込めるものにしても個人差が大きすぎます。それにもかかわらず個人差を超えて多くの先輩がこの言葉を使います。振り返って自分の「打ち込めるもの」それも「定年後に打ち込めるもの」となると、そう簡単に決められるものを持っていないことに気付きます。

改めて自問してみると「土曜日のテニス」を思い浮かべたが、いくら定年といっても毎日テニスというわけにも行きません。土曜日のみでは先輩方のいう趣味と違うのではないかと思われ、改めて「打ち込めるもの」を探し始めましたが、日々の仕事に追われ定年の日を迎えるまで見つけることはできませんでした。

そして、定年を迎え5年が過ぎた今、もし後輩から「先輩、定年後の生活はいかがですか」と尋ねられたら「趣味や打ち込めるものを働いているうちから持つか、見つけておくといいね」と答えるでしょう。

「趣味を持つ」この言葉は、意外と奥が深い。

趣味はバランスで楽しむ

『レジャー白書２０１７』によると60歳代、70歳代男性の趣味、運動などで多いのは、国内旅行、ウォーキング、ドライブ、家庭菜園、読書、日曜大工、器具を使わない体操、映画、カラオケなどです。

今回の調査対象ではありませんが、以前はパソコンが最も多いものでした。ゲームなどの遊びに始まり、気のおける友達とのメール交換、フェイスブックを使った情報の共有、各種検索など、１人で誰にも邪魔されることなく楽しめるし、時間に制約されないのがよいのでしょう。パソコンを通して友達や社会とも通じあえるので孤独を感じさせないし、適度な満足感を得るには十分な趣味です。

趣味にもいろいろありますがバランスも必要でしょう。積極性と場所の面から考えてみます。自分から積極的に取り組むもの、受け身で楽しむもの、室内でできるもの、屋外でするもの等のバランスです。自分から積極的に取り組むものの代表がパソコンですが、他に家庭菜園、写真、日曜大工、読書、ウォーキング、絵、楽器、料理、ボランティア等があり、受け身で楽しむものとして映画、ビデオ、音楽、美術品の鑑賞等があります。

室内、それも自宅で行うものはパソコン、読書、音楽鑑賞、模型作り等。自宅外の室内としてはカルチャーセンター、コンサート、映画・美術品鑑賞等がありま す。一方、屋外の趣味としては家庭菜園、ウォーキング、テニス、ゴルフ、魚釣り、旅行、犬の散歩等です。

定年後は自由になる時間がたくさんありますが、時間、曜日を区切っていくつかの趣味をバランスよく組み合わせるのがよいでしょう。いずれにしても趣味は三日坊主ではなく、長続きしてこそ味が出るものです。長続きさせるにはグループに所属し、仲間を作るのもひとつの方法です。グループで活動していると、仲間の間に上手・下手、強い・弱いがありますが他人との比較はほどほどにして、自分の成長の様子を振り返り、自分を褒めるほうが楽しいものです。

趣味というほどの趣味は自分にはないと思う人も中学生、高校生の頃、好きだったこと、のめりこんだものがあったと思います。趣味の多くはそのころに経験したことが元になります。思い出すのも楽しいものです。

その他に、カルチャーセンターや地域の趣味の会等の情報を集め、その中から興味のあるものを見つけ、とりあえず体験してみます。良ければ続ければよいし、肌に合わないと感じたらやめて次を探します。そのうちきっと自分に合った趣味が見つかるはずです。情報の収集については4・3の「地域の情報を集める」を参照してください。

5.2 学びに定年なし

平成20年度の内閣府「高齢者の地域社会への参加に関する意識調査」によると60～65歳で健康的にも、金銭的にも問題が少ない場合、男性が一番欲するものは「学ぶこと」、女性はフィットネスを含めて「遊ぶこと」です。男性の「学びたい」の意識下には「役に立ちたい」「教えたい」という願望があるといわれています。

在職中には、自分の知識・能力について様々なことを感じるものです。仕事に関係ない分野に興味を持ったり、逆に弱点を見つけることもあります。筆者は理系出身のため文系、社会系の知識があれば人生もっと楽しいだろうな、と思うことがしばしばでした。

定年を迎え未知のものを求める人もおられると思います。在職中はまとまった時間、継続的な期間が取れなかった人も、定年後は時間をかけ体系立てて学ぶことができるのはうれしいことです。学び方にもいくつかあります。個人で「スペイン語をしゃべれるようにする」「囲碁を基本からやり直したい」のように目標を決め、スケジュールを作り学ぶ方法もそのひとつです。

しかし、不明の個所、疑問が生じたとき解決に困ります。カルチャーセンターは連続してまとまった内容をコンパクトに学ぶことができますが、自分が学びたい教室を探す苦労があります。もし見つかれば先生は専門家だから疑問点の解決は早く、また、同じ目的を持った受講生が集まるので相談相手も見つかる可能性があります。

日本のほとんどの国公私立大学では生涯学習の一環として一般社会人向けに公開講座を開いていますが、講座の数、日数、時期がばらばらです。10講座程度を夏休みや秋に4、5週連続で開講というのが多いので、近くの大学に「公開講座」について電話で問い合わせてみるとよいでしょう。

【放送大学】

生涯学習機関として文部科学省と総務省が設置母体をなす通信制大学です。千葉市幕張に大学本部を置き、創立以来30年が経過しているのに、いまだに「アナウンサー養成所」「ＮＨＫの学校」と勘違いしている人が少なくありません。れっきとした大学で大学院修士課程、博士課程を持ち、平成29年現在約９万人の学生が在籍し、これまでの学部卒業生は約９万５０００人、大学院修士課程修了生は約５２００人です。授業はテレビ（ＵＨＦ・ＢＳ）・ラジオ（ＦＭ・ＢＳ）放送、インターネット配信の放送授業、オンライン授業と、全国50か所の学習センターで講師から直接授業を受ける面接授業から成り立っています。

何が学べるのでしょうか。学部は教養学部のみで次の６つのコースに分かれています。「生活と福祉」「心理と教育」「社会と産業」「人間と文化」「情報」「自然と環境」。合計約３００科目の放送授業が開講され、その４分の１が毎年新しく作り替えられます。また全国の50学習センターで開講される面接授業は年間合計で3000科目に達します。各学習センターには図書室、視聴学習室が整備されています。

学生は47都道府県に配置された学習センター（多くは各県にある国立大学の敷地内に設置されている）のいずれかに所属します。入学試験はなく書類選考のみです。学生は、

(1) 全科履修生：大学卒業を目指す。124単位取得が卒業条件である。入学金2万4000円、最短4年間約70万円で卒業できます。

(2) 選科履修生：1年間2学期在籍し、学びたい科目のみを受講する。入学金9000円、1科目（2単位）1万1000円（テキスト代込）。

(3) 科目履修性：半年間1学期在籍し、学びたい科目のみ受講する。入学金7000円、1科目（2単位）1万1000円（テキスト代込）、の3種類があります。いずれの履修生も面接授業を受講できます。一つの面接授業は1時間25分の授業8回から成り、通常、土日に各4回ずつ行われ2日間

で終わるものが多い。1科目（1単位）5500円（費用等はいずれも2017年度現在）。

放送大学の特徴として10代～90代が一緒に学んでいること、まさに生涯教育です。近年は入学者に大学・大学院を卒業した人の割合が多く約40％です。シニア世代の入学動機で多いのは「もう一度勉強しなおしたい」「教養を深めたい」です。授業も自宅のテレビ・ラジオを通して学べ、録音、録画をすればいつでも好きな時間に視聴できます。また、インターネット配信も好きな時に視聴できます。放送大学がカルチャーセンターや大学の公開講座と異なる最も大きな点は試験があることです。選科履修生、科目履修生で1科目の登録であっても7月末、1月末の試験を受け合格すれば2単位が得られます。やはり試験があると勉強に対する熱意、真剣さが違います。

面接授業は全国の学習センターで独自に行われるため、旅行を兼ねてあちこちの授業に出席という学生もいます。全科履修生には使用制限はあるものの学割もあります。また、いろいろなサークル活動も盛んで年代の異なった友達ができるのも特徴です。授業料も安く内容、設備も充実したこの大学の門をたたく価値は十分にあると思います。

問い合わせは大学本部（☎ 043-276-5111）またはインターネット「放送大学」で検索できます。

第6編 時間

定年により得られる最大の収穫は「自由に使える時間」です。勤務中はこの時間の大半を体力、知力と共に会社に提供し報酬を得ていましたが、定年を機に自分の思うままに使えるようになります。それも半端な時間ではない、20年も30年もあるのです。このまとまって自由に使える時間をいかに有効に使うかで楽しさが2倍にも3倍にもなるはずです。

6.1 人生を3分割して考える

平均寿命70歳頃までは定年後の余生もそれほど長くはなかったでしょう。当時は、人生2分割すなわち20歳前後までの学校を中心とした準備期と定年までの活動期、それに10年程度の余生でした。余生をどう生きるかを考えることも必要なかったのではないでしょうか。

しかし、今はこの余生の部分が長くなったばかりでなく、元気に過ごせる人が増えてきました。人生2分割では間に合わない、余生ではなくもうひとつ60歳からの30年というまとまった時間を「安定期」「2回目の人生」として「人生3分割」を考える必要がありそうです（図6‐1）。

この本の趣旨は、この安定期の過ごし方を考えることです。心の準備だけでなく、実際に何ができるのか、「打ち込めるもの」を探し始めるのは50歳を過ぎたころから徐々に準備にとりかかれば、定年までには十分に納得いくものに出会えるでしょう。多くの人は仕事に追われ、落ち着いて考える時間は少ないでしょうが、できるだけ早めに定年後の「2回目の人生」設計にとりかかりたいものです。

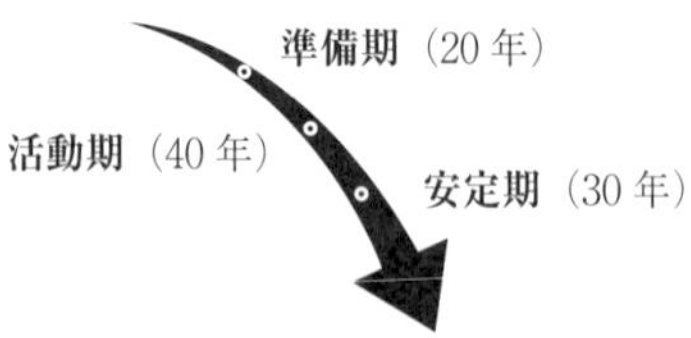

図6-1　人生３分割

6.2 質の良い自由時間が5倍になる

定年を迎え最も待ち望んでいたもののひとつが『時間』、それも他人に干渉されない時間です。定年直後の忙しい日々が終わってからが実質上の定年といってよいでしょう。

定年でどれほどの自由な時間を入手したのでしょうか。在職中は朝晩往復の通勤時間だけで地方ですと1時間程度、大都市では少なくとも2時間は費やされたのではないでしょうか。

さらに職場にいる時間を9時間から10時間とすれば、家を出てから帰るまでに費やした時間は12時間程度になります。この12時間が定年と同時に全て自分のものになるのです。

一方、在職時の在宅時間を12時間として睡眠7時間に食事、風呂等を除けば自分が自由に使えた時間は3～4時間あるいはもっと少なかったかもしれません。定年と同時に自由時間が1日で3、4倍になったことになります。

さらに違うのが〝時間の質〟です。在職中の自由な3、4時間は疲れの残る帰宅後のものであったのに対し、定年後の自由な時間は疲れのない活動できる正味の時間なのです。物理的には自由時間が3、4倍になったのですが、実質的な有効時間は5倍にも6倍にもなっているのです。

この素晴らしい時間をどのように使うかが、今後20年30年の定年生活の充実度の決め手となるはずです。

6.3 時間の使い方

1日の生活にメリハリをつける

素晴らしい時間を手にしました。1日に自分のために使える時間が12時間もあるのです。それなのに1日が早く感じます。朝、テレビを見、新聞を読んでいるとすぐ10時を過ぎてしまいます。午前中もあっという間に終わります。

何故でしょうか。勤めていたときは時間が区切られていました。出勤、仕事、昼休み、仕事、帰宅とメリハリが利いてリズムがあり、動きがありました。定年後はこのリズムがなくなり、時間としては起伏のないフラットなものになっています。表現を変えればダラダラと過ごしているのです。ここは自分で定年生活に適した動きのあるリズムを作る以外に方法はないでしょう。

確かに多く見積もれば自由時間は12時間ですが、せっかく定年になったのに目いっぱい使おうとすることはないでしょう。余裕を持って1日の自由時間を8時間とし、その中身を見てみましょう。

朝の通勤時間がまるまる浮いたうえに、朝の慌ただしさから解放されました。問題はその先をゆっくり過ごしすぎることにあります。着替え、食事、新聞等を遅くとも9時半までに終えると午前中9時30分～12時に2時間半の時間が生まれます。頭の冴えている時間、ゴールデンタイムです。自分が最もしたいこと、他のことをさておいて優先させたいことをする時間です。

午後も1時から6時までありますが、休憩を入れても4時間は使えます。連続して使うもよし、切って使うもよし、もちろん昼寝もありです。区切り方は自由です。そして夕食後にも1時間半程度は自由になります。在職中は疲れきって帰宅し、夕食後に使えた貴重な2時間の自由時間でしたが、定年後の時間は、精神的にストレスのない分、疲れが少ない「良質の時間」です。

コラム

『ゆっくりしたい！』

「もう少し寝ていたい、あと5分！」と思いつつ通勤のために元気を出して起きていた定年前の朝。特に送別会の多い終わりの1か月間は、疲れていても「あと20日、あと1週間」と自分に言い聞かせてきた。そして定年を迎えた日の夜「さー、思う存分寝るぞ」。

定年後初日、休日でもないのに家にいる。無事、定年を迎えた満足感と落ち着かなさが相半ばするが、やはり大きな山を越えたという安堵感にホッとする。定年になったら、あれもしたい、これもしたいと考えているが、まずはゆっくりしたい。

朝から違う。出勤前の流し込み状態だった朝食も、落ち着いて味わいながら食べられる。時間制限なしだ。

新聞がゆっくり読める。勤めているときは出勤前、読む時間の余裕もない日があったし、読めても見出しのみ、斜め読みと忙しくスポーツ面の結果しか読めなかったのが、一面から読める。隅から隅まで読める。これまでほとんど見ることのなかった教養面、科学面さらには家庭欄にまでも目を通す。混雑する通勤電車で立ったまま週刊誌や月刊誌の中吊り広告を見て内容を想像していたものが、新聞の広告欄で見られる。それも座って見られるのだ。

テレビもニュースと天気予報しか見られなかったのが、朝のワイド番組さらにBS放送まで見られる。午前中から時代劇があることなど想像もしたことがなかった。

よく聞いていた言葉であるが、まさに「サンデー毎日」の始まりだ。盆、暮れやゴールデンウィーク、夏休みにまとまった休みの経験はあるが、ウィークデー、週末に関係なく毎日が休みなのだ。

24時間を設計する

下の2つの円を見てください。中学生か高校生時代を思い出す人がいるかもしれません。針のない24時間時計です。上の円には在職時を思い出して大よその1日の日程を起床、通勤、仕事、昼休み、帰宅、就寝等と区切って書き込みます。下の円には定年後の典型的な1日の状況を書き込んでください。

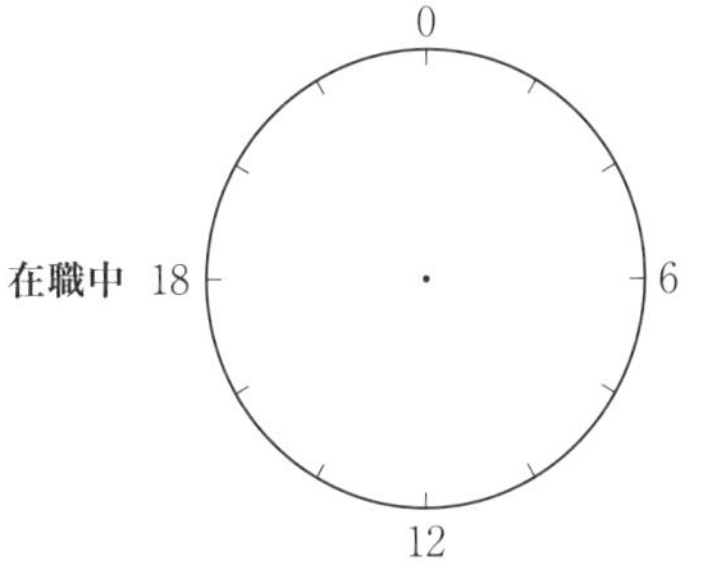

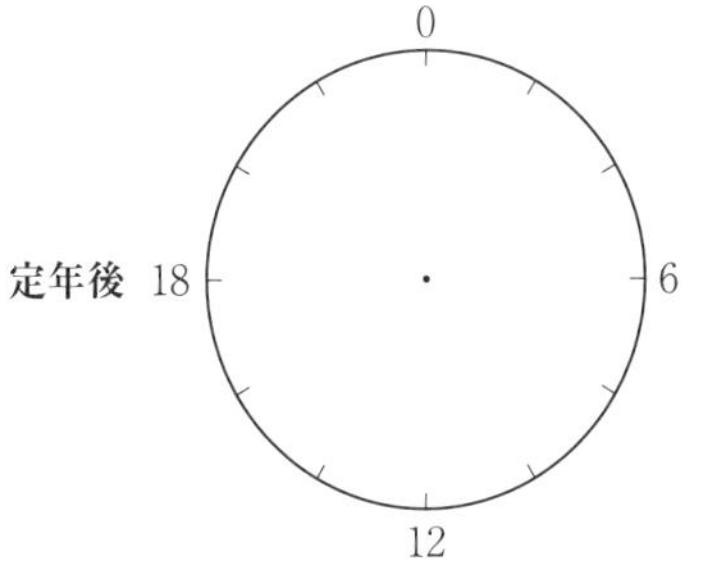

２つの円を比較してみましょう。もし、定年後の円に空白や無駄と思われる時間があれば内容や使い方を工夫するのに使いましょう。

6.4 目標を立てる

個性ある目標を作ろう

「何をしたいか」目標を設定します。自分のしたいことを実現させるためのものであり、利害関係のないものです。目標はあまり長期のものでなく3年、５年程度で、高すぎず低すぎずのものがよいでしょう。また、目標を立てたが結果的に達成できなくても笑い飛ばせるくらいがよいでしょう。「できたところまでで良しとする」くらいだと気が楽です。

例えば3年間の目標として「家事が一通りできるようになる」というのはどうでしょう。高齢化社会です。現在、夫婦とも元気でも、将来ずっと元気で一緒という保証はありません。1週間ほど奥さんに入院されると、食事が作れないご主人はみじめなものです。1日、2日はスーパーやデパートで弁当やインスタントみそ汁、惣菜等を買って何とかなりますが4日目以降は後悔と反省です。その意味で男も家事が一通りできればよいのですが、少なくともご飯と味噌汁だけでもできるようになれば自信になります。

食事、掃除、洗濯と簡単に言いますが、食事といっても献立を考え、買い物、調理、片付け、掃除では部屋の掃除機かけだけでなく風呂、トイレ、玄関、もし庭があれば庭掃除も含みます。そしてゴミの片付け。洗濯も洗濯機を回すだけでなく、干す、取り込む、整理して仕舞う。30年40年とほとんど褒められることもなく、これらをやりこなしてきた奥さんへ感謝の気持ちも湧くでしょう。

その他、読みたかった歴史書、学生時代に読んで感銘を受けた本を再度読み直すのもよいでしょう。体力をつけるために「週に2度、3年間プールに通う」など、自分に合った目標があります。達成したら次の目標を立て、できなかったら改めて目指す、といったように、2度目の人生は自分がしてみたい個性ある目標を掲げたいものです。

日記をつける

「この頃、物忘れがひどい」「なかなか人の名前が思い出せない」「ものを取りに2階に上がったら、何を取りに来たのか思い出せない」など思い当たる節のある人もおられるのではないでしょうか。日記をつけることは集中力をつけ、記憶力を回復させ、ボケ防止にもなるといわれます。一方、日記は三日坊主の代名詞であり、続けることがむずかしいことを経験された人もおられるでしょう。

定年になると何かを紙面にまとめるという機会が少なくなります。物事をまとめて表現することが脳に刺激を与え、ほどよい負担をかけ活性化をもたらします。手は外部の脳といわれるように、手を使うことは脳のトレーニングになります。その代表格が「書く」という動作です。年齢とともに書けなくなった漢字を思い出す良い機会にもなります。その身近なものが「日記」です。

日記は長続きさせるためにあまり深く考えず1日の行動を主に記録するとよいでしょう。もちろん、自分が最近考えていることや感じたこと、大きなニュース等があれば書きます。

日記の様式は自由ですが、短くまとめられるものがよいでしょう。5年日記、10年日記といったように1冊で長い期間にわたって書けるものもあります。筆者はA4判70枚の大学ノートを1か月で見開き2ページで使用しています。左側ページの端に日、曜日、天気を記し、そのあと右ページ端までの1行を1日分として書く。書き足らないときは欄外に書き込んでいます。日記をつける時間は決めておくことが長続きの秘訣のようです。

心のもやもや、つらいこと、腹立たしいことを文字にすることで心をいやすという方法が昔からあります。しかし、心の動きを日記に書くと長続きしません。日記帳とは別のノート等を準備するのがよいでしょう。

手帳を使う

日記は長続きさせる自信がないという人も、手帳なら大丈夫でしょう。在職中は肌身離さず持っていた手帳。使い方、便利さは充分に知っています。在職中は黙っていても予定が入ってきたのに定年後は自分で計画を立てて記入しないと白いままです。

本来、日記は過去を綴り、手帳は未来を記入するものでしょう。しかし、定年後の手帳は備忘録を兼ねて予定だけでなく既に終わったこと、思い出したことをメモとして記入するという使い方があります。例えば、本を読み終えたらタイトルを書いておく。飲み屋に行ったら当日の話題とメニューをメモする。新聞を読めば記事の中で大きく扱われた話題のみを書く。体調管理をしている人なら体重、血圧、歩数計の値など数値を記入するのもよいでしょう。読みたい本、見たい映画、出かけたいところ、行きたい温泉やレストラン、会いたい人なども項目ごとに書き込みます。

また朝起きたら、手帳で今日の予定と同時に「何月何日何曜日」を確認します。毎日が日曜日の生活になると曜日の確認が大事になります。

最近、シニア向けを意識した日記帳がいろいろ販売されています。文字を大きくし、罫線の幅を広くしたもの、出来事や行動・感じたことを個別に記録するものもあります。自分に合った手帳を探すのも楽しいものです。

目指せ元気な100歳‼

定年後の時間が長くなりました。最近は90歳どころか100歳の文字を多く見かけるようになりました。

毎年9月中旬に祝日「敬老の日」があります。敬老の日が制定されたのは昭和38（1963）年です。当時の平均寿命は男性が67歳、女性72歳位です。この年100歳以上の人は全国で153人でした。そして2015年に100歳以上の人が６万人を超えました。「人生１００年」という時代が現実味を帯びてきたのです。

図６‐２は国立社会保障・人口問題研究所が１００歳以上の人口を１９６３年から２０５０年までの推移及び推計を示したグラフです。２０５０年には１００歳以上の人が約70万人と推計されて

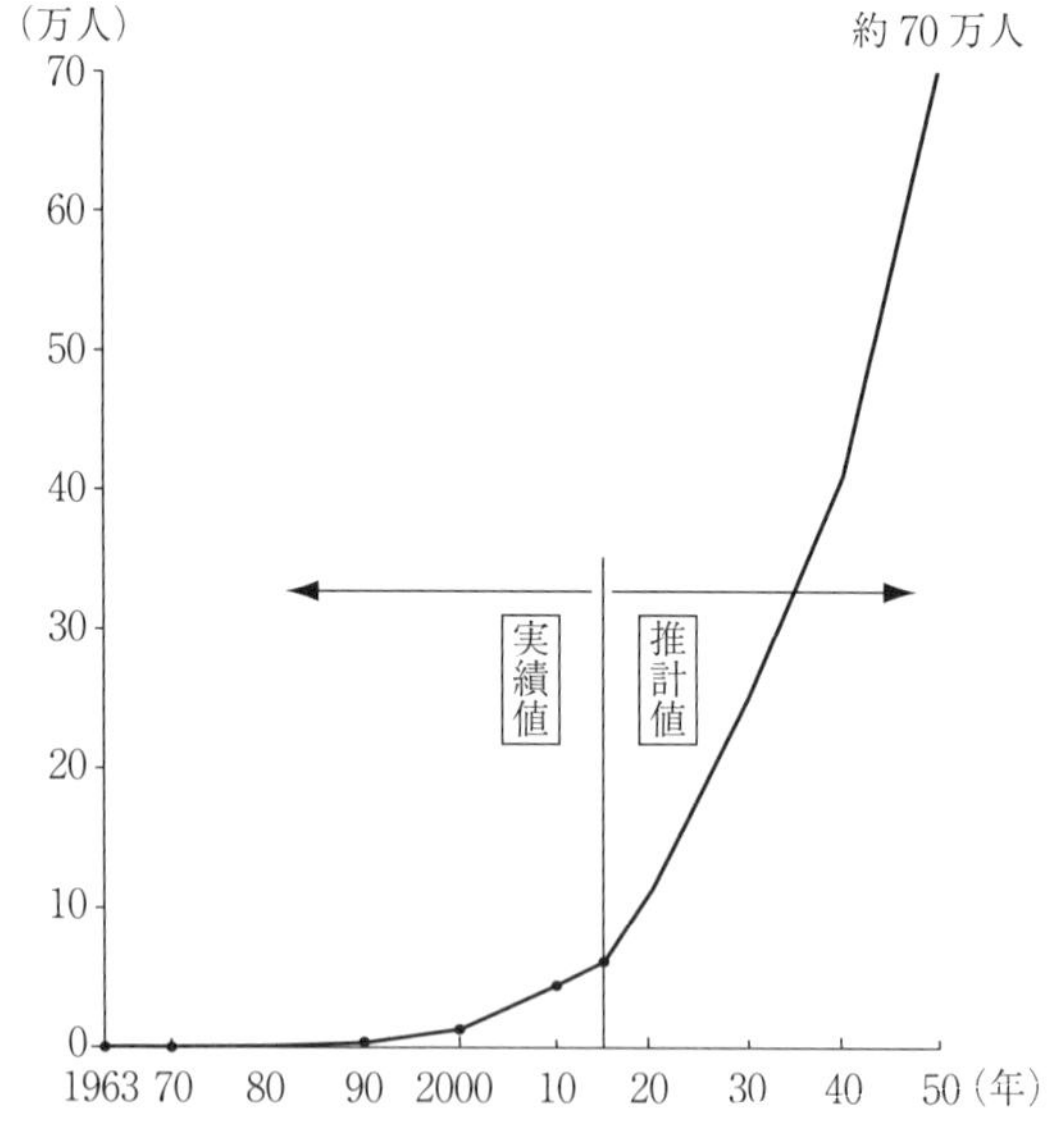

図 6-2　100 歳以上人口の推移・推計

出典：国立社会保障・人口問題研究所「日本の将来人口推計」

います。

高齢者が元気に自立して生活するためになすべきことは本書のあちこちで書きましたが、改めて思い出してみましょう。

第1は健康を保つことです。生活習慣病を防ぐためには有酸素運動が大切ですが、具体的には半足分大股での速歩きです。また、筋肉の衰えを防ぎ、転倒、つまずきを防ぐために大腰筋を鍛える。具体的には階段の上り下りです。2番目はバランスのとれた食事をとることです。現在の日本人に欠けている大豆等の植物性たんぱく質、ココナッツ油を除く植物性脂肪、繊維質の多い野菜類は意識して摂取することです。3番目は目標を持って生きることです。人の脳は年をとっても必ずしも衰えるとは限らず、発達する可能性があります。「今月中に英単語100個を覚える」「週に一度はスケッチに出かける」など、できるだけ具体的で結果が見えるものがよいでしょう。そして、最後は、小さいことにくよくよせず「笑い」と「感動」を忘れないことです。

ここまで来たら元気な１００歳を目指しましょう。後輩も、諸外国も日本の高齢者が初めて到達する健康な１００歳への生き方を参考にしたいと楽しみにしていますが、何より自分自身が最も輝ける人生を楽しみたいものです。

第7編 整理する

定年を機にあれこれしてみたいこと、せねばならないことがあります。片付けもそのひとつです。在職中から気にはなっていても時間がなく、延ばし延ばしになっていたものです。まず、整理したいことを思いつくままに紙に書き出し、それを整理するものと残すものに分け、整理できるものから早めに取りかかり、楽しむ時間を増やしたいものです。

7.1 整理するもの

老前整理は元気なうちに

定年を迎え、落ち着ける場所の確保が済むと、その他に整理し、確認することがあるのに気づきます。ひとつは自分自身のことであり、もうひとつは親、家、先祖の墓と妻（夫）の実家のことです。

自分自身の将来について整理・確認をし、再スタートを切る意思表示として「終活」「老前整理」という言葉があります。

「終活」とは２００９年に週刊誌で初めて用いられ２０１２年新語・流行語大賞でトップテンに選出された言葉で、人生の終わりをより良いものにするために事前に準備をすることを意味し、自分の葬式やお墓を考え、財産相続の計画等の身辺整理をし、残された家族に迷惑をかけずに安心して余生を過ごしたいという考え方です。

「老前整理」とは、この言葉を提唱されている坂岡洋子さんの言葉を借りれば「健康なうちにできること、すべきことを考える、体力がある今のうちに身の回りを整理することで生活が前向きに輝く」というものです。

終活も老前整理も表現が違うだけで言わんとすることはほぼ同じです。すなわち、「健康で元気なうちに身の回りを整理し、これからの生活を前向きにとらえていこう」という考え方です。

次に、確認と整理が必要なことに親や墓、妻の実家等があります。

【親】

定年を迎えても自分の親、妻の親が元気なケースが増えてきました。素晴らしいことです。しかし今後も元気で過ごせる保証はありません。親が近くに住んでいれば何かあればすぐの対応も可能ですが、遠い場合はどうするのか、今は夫婦とも兄弟姉妹が多いわけではなく、夫婦の出身地が別々で一人息子、一人娘といった場合もあります。親と離れて遠くに住んでいる場合は里帰りの折に市区町村の役場や地域包括支援センターに出かけ、「老いた親がいるけど看《み》られない場合、どのような助成や見守り体制があるのか、自分に何ができるのか」など相談しておきましょう。

【実家の整理】

少子高齢化に伴い全国的に空き家が増えています。空き家にしておけば固定資産税だけでなく、家そのものや雑草、植木等の管理も必要になります。

将来、帰郷の予定があれば賃貸物件として地元の不動産屋に相談する。帰郷の予定がなければ早めに処分するのがよいでしょう。

【墓】

先祖伝来の墓を誰が守るのか、少子高齢化で墓を継承する人が減り続けています。子孫が継ぐという考えは成り立たなくなりつつあります。子供がいない、いても後を継がない、場所が遠く高齢で墓参りができなくなったなどで墓の管理に悩まれる人が増えています。どう対応するか、「改葬」と「墓じまい」について説明しましょう。

改葬：郷里が遠いため今後、墓を守ってくれる人が途絶える可能性があるので、今のうちに墓を自宅近くに移転させるというものです。手続きは現在、墓のある市町村役場と移転先の墓地管理者に相談します。改葬費用は移転先にもよりますが、新墓地の使用料、工事費を含め200～300万円とされています。

墓じまい：散骨したり、跡取りがおらず墓の世話をする子孫がいなくなった多くの無縁墓を合わせた永代供養の合葬墓に移し、現在の墓を解体、撤去することで「廃墓」とも呼ばれます。

先祖代々の墓の場合、身内や親族も考え方や思い入れがあるので、他人の骨と一緒にする合祀に当たっては日頃からの円満な話し合いが必要になります。寺院の境内墓の場合も、早めに寺に相談します。親族もお寺もコミュニケーション不足で問題をこじらせないよう勘案することが大切です。

墓じまいには墓地・埋葬等に関する法律で定められた手続きが必要になるので、墓地管理者と相談します。墓じまいの費用は2人分の場合、30万円程度です。

【妻の実家への配慮】

夫は自分の家のこと、自分の両親のことには気を使うが、妻の実家にどの程度配慮しているのでしょうか。

妻の実家には親、兄弟姉妹がおられるでしょう。妻への感謝の気持ちと共に妻の実家に対してもいろいろ配慮し、相談相手になるのもよいでしょう。特に一人娘の妻、姉妹のみの妻にとっては頼もしく心強いものです。

不要なものを整理する

「定年になったら自宅にある不要なものを整理したい」と思う人は多い。いわゆる断捨離です。定年でついに念願の整理ができる時がきたのです。自室の手紙や書類、アルバム、書籍等を片付け、1日いても快適に過ごせる場所を作りたいものです。

定年になり、最初に取り掛かるのが自室の整理です。整理を計画し実行に移しますが、多くの人が途中で続かなくなり数年たっても相変わらず片付いていないようです。無計画に「片付けよう」では、あちこちに手を出し、することが多すぎて片付きません。整理自体はモノを分けて不要なモノを減らせばよいのですが、必要なモノを使いやすいように配置する整頓も合わせて行います。

整理整頓のポイントは「要・不要に分ける」「捨てる」「定位置に収納する」です。

最初にすることは「必要なものをどこに収納するか」であり、収納スペースを先に確保します。押し入れや納戸、屋根裏部屋、物置などにぎっしりとモノが詰め込まれていると新しいものを入れる余裕がありません。まず、収納場所の整理を先にします。収納スペースは常時30％程度の余裕を持たせておくと使いやすくなります。

いよいよ片付けです。段ボール箱3個を準備し、外側に「必要」「保留」「不要」の紙を貼ります。保留には要・不要の判断に迷うものを入れますが定期的に見直します。その日のうちに片付けたいものをすべて目に見えるところに出します。引き出すことで減らす覚悟ができます。

整理の基本は「捨てる」こと。3年以上使っていないものは今後も使わない、邪魔になるだけですから最初に処分します。思い出の品、土産にもらったものは1年以上使っていなければ捨てる。中に何が入っているのかわからない時は中を見ずに捨てる、見ると捨てられずに元の位置にしまう可能性が大です。

モノを捨てるには「自分に厳しく」ないとできません。「まだ着られる」「まだ使える」「もったいない」の心がある限り整理はむずかしいでしょう。

今以上に物をふやさないこと。新しい手紙はその日のうちか遅くとも翌日には残すか破棄するかを決めます。

置く位置は使う頻度によって決めます。軽くてあまり使わないものは上の方に、重くてあまり使わないものは低い場所に置く。モノを置く定位置を決めるのも整頓の原則です。そして、使ったらまた元の位置に戻す「出したらしまう」が整頓のコツです。あまり力まず、1日1時間ずつ週5日で2週間頑張ってみましょう。これができれば、きっと3か月後にはきれいに整理できるはずです。

コラム

『本は得意分野のものから処分する』

モノの整理で最も場所を占め重さのあるものが書籍である。個人の持つ書籍数は平均356冊といわれる。そのうち読まれていない本は131冊、実に3分の1だ。捨てられない理由の約40％は「いつか読むかもしれない」である。

捨てるには勇気がいる。私が定年になる時、すでに定年になられた先輩に「本はどう処分するのがよいのでしょうか」と尋ねると、即座に「自分の最も得意な分野、専門分野から処分するのがよい」との答え、半信半疑であった。

その後、定年退職時、学生時代に読み、赤線や書き込みがたくさん残る本やノートは愛着があって捨てきれなかった。それでも先輩の言葉に従って専門書の半分を処分した。なつかしい本もあったが「思い出のために持っていては生涯整理できない」と自分に言い聞かせた。

定年後1年くらいたったある日、件の先輩にお会いしたので本の処分の話をすると「専門分野、得意分野の本は中身が大よそわかる。なくなっても、もし知りたいことがあれば探し方がわかるのでほぼ同じ内容の本にたどり着けるが、得意分野以外の本は探し方さえわからないことがある。何かの縁でせっかく巡り合った他の分野の本こそ残しておくほうがよい」と教えられた。

7.2 残すもの

残すものの代表が財産（死後は遺産）でしょう。この「遺産」とその「相続」では問題が発生する家庭が少なくありません。遺産相続は法律事項に絡むことがあります。項目により相続が発生した日から3か月とか10か月等と期限が定められています。四十九日を待っているとすぐ2か月が過ぎてしまいます。

期限内に終えなければ不利益を被ることがありますので注意が必要です。

遺産と相続

50歳・60歳代は親から遺産を引き継ぐ可能性の高い時期です。そして70歳代後半から90歳代にかけては自分の財産を残す時期でもあります。いわゆる遺産相続です。

財産は大別すれば、預貯金、家、土地、貴金属などプラスの財産とローン返済金、借金など負の財産です。何を引き継ぐかは相続発生から3か月以内に手続きをしなければなりません。

引き継ぐ主な財産が判明したら相続人、引き継ぐ額を決めます。相続ではトラブルを引き起こすケースが多くあります。もめやすいケースの代表が「親の遺産のほとんどが土地や建物といった不動産の場合」です。もうひとつもめるケースとして「複数の子供のうちの1人が親の面倒を見たり介護をしていた場合」です。「相続」でなく「争続」「争族」などといわれる所以です。できるだけトラブルなく遺産の相続を済ませるには遺言書を作成することです。

コラム

『遺書、遺言書とエンディングノート』

遺書と遺言書は普通の人にとっては「亡くなるための準備書」といった意味合いで同じように使われることが多いが、法律的な意味は全く異なる。

「遺書」は法律的な制約を受けない。自分が死んだ後、大事な人に読んでもらうためのもので自分の気持ちやお願いを書いた手紙である。何を書いても自由で書き方の決まりもないし、書いてあることを守る義務もない。

一方、「遺言書」は厳格な手続きにより作成された法律文書で、定められた形式でないと遺言書自体が無効になる。いつ書かねばならないといった制限はないが、頭のしっかりしているうちに書く。

類似の言葉に「エンディングノート」がある。自分にもしものことがあった時のために伝えておきたい思いをまとめておくノート。法的効力はない。

自分の生い立ち、親戚・友人・知人リスト、財産と処分方法、延命治療のこと、介護は自宅か施設か、葬儀、墓、家族への思いやお世話になった人への感謝など自由に記入できる。このノートは市販されており、自分を取り巻く現在の状況がほぼ網羅されている。「現況まとめノート」くらいに思えば、これからの人生にいろいろ示唆を与えてくれるものである。

遺言書

相続の問題はどこの家庭でも生じます。「争族」を避け、できるだけスムーズに相続できるためには「遺言書」を作るとよいでしょう。遺言書には次の3種類があります。

（1）自筆証書遺言
（2）公正証書遺言
（3）秘密証書遺言

最も一般的で書く人が多い（2）をまとめてみます。

【公正証書遺言】

公証役場に出向き証人立会いの下、本人の口述内容を公証人が記述します。さらに登記簿謄本などの資料をもとに法的に問題のない文書を作成し、その後、本人が内容を確認し署名したものです。形式や内容不備の心配がなく、家庭裁判所の「検認」が不要になります。遺言書原本は20年間公証役場に保管されるため紛失や偽造の心配がありません。作成手数料が相続財産額に応じてかかります。財産額3000万円で手数料2万3000円、5000万円で2万9000円、1億円で4万3000円です。

遺言書のない場合：相続人全員が集まり、誰がいくら財産を受け継ぐかの話し合いをします。

この場で兄弟姉妹間の「争続」になることは珍しくありません。分割協議がまとまらなければ家庭裁判所に調停を申し立てます。このように遺言書がない場合は残された家族の負担は非常に大きくなります。

「公正証書遺言」は早めに

遺言書をいつ書くのが良いのでしょうか。いつ何があっても、残された家族が困らないように配慮するのが、遺言を作成する意味です。したがって、遺言書は頭も身体もしっかりして判断能力のあるうちに書くべきものなのです。

最初から立派な公正証書を作ろうと構えず、まず、準備段階として自分の身の回りの様子、例えば自分の財産、親戚関係の簡単な家系図、今後の生活設計等を書き出してみるところから始めます。これらを整理すると自分の将来と遺言書の内容が見えてきます。ほぼできたと思ったら、公証役場へ出かけます。

公正証書遺言の作成は本人が公証役場に出向かねばなりません。出かける手間や費用が掛かるとはいえ、残された家族へ安心して相続できるためにも早めに作

表7-1　相続に関する相談内容と相談先

相談の内容	相談先
遺言書	弁護士、司法書士、行政書士
遺言分割手続き	弁護士、司法書士、行政書士
遺産分割協議	弁護士
財産の評価	税理士
不動産の登記	司法書士
相続税対策	税理士、公認会計士
相続税の申告	税理士

るのが良いでしょう。できれば50歳代後半までに一度は書いておきたいものです。もちろん60歳代、70歳代でも気づいたときに書いて構いません。遺言書は一度書いたらそれで終わりではなく、状況が変われば何度でも書き直して構いません。

困ったときに頼る専門家

相続はどこの家でも生じます。前もって十分に準備できていれば対応もスムーズにいきますが、突然生じて準備不足ということも少なくありません。問題が多岐にわたるので相談先がわからないことがあります。相続に関して困ったときの主な相談先を表7-1にまとめています。

書類の作成で困った場合には行政書士、司法書士が相談にのってくれます。

第8編 楽しむ

定年後をどのような生活にするか、これまでにおおよその計画を立て、すでに実行段階に入られた人もおられるでしょう。何をするにしても基本は楽しむことです。定年までにも楽しいことをたくさん経験されてこられたでしょうが、時間がなくてできなかったこともあるでしょう。これからは10日でも1か月でもまとまった時間が自由に使えます。心置きなく楽しみましょう。

8.1 若き日の夢を楽しむ

多くの時間を自分で好きなように使える定年生活。在職中からあれをしたい、これもしたいと思っていた人はもちろん、定年後のことはその時考えようと思っていた人もこの豊かな時間を上手に使いこなしましょう。

生活の場を自宅から全く新しい場所に移すという夢、若き日から思い描きながら在職中にできなかった長旅の夢、可能性が広がります。


【田舎暮らし】


朝、鳥の声で目を覚ます、窓から入る澄んだ空気、新鮮な野菜と近くの温泉を楽しむ……都会生活者にとっては夢でしょう。都会での仕事を定年退職した後、田舎でのんびり暮らしたいという人は少なくありません。

全国の道府県や市町村はホームページでUターン、Iターンの窓口を設置し仕事や住まい、土地の情報を提供しています。そのほか田舎暮らしを支援するNPO法人が各地に設置され、移住促進のための情報を提供しています。

移住したいと思う地域が故郷だったり、これまで何度か行った場所なら様子がわかりますが、全く見ず知らずで知人もいない土地だと、住んでから問題が発生することも予想されます。移住を考えている市町村等を通して住宅を見つけ2、3か月住んでみるのも一つの方法です。農業体験などをセットにしている自治体もあるので利用するとよいでしょう。これらの情報はインターネットで探せるほか、市町村の移住促進担当部署に問い合わせれば資料が送られてきます。

田舎暮らしのポイントは車と病院です。都会のように電車やバスが多くないので車がないと不便です。シニアにとって病院の存在は安心材料です。

【海外に住む】

「定年後は物価の安い海外で生活したい」と思う定年退職者も少なくありません。海外移住は、観光旅行と異なりひとつの町で生活するのであり、現地に溶け込めるかどうかは語学が決め手になります。ある程度話せれば、あとは現地で慣れることです。シニアの場合、問題になるのが医療機関の有無です。これまで日本人が移住している国には日本語で対応できる医師を置いた病院も多くあります。

現在、20か国以上の国が年金受給者を優遇した「退職者ビザ制度」を実施していいます。比較的取得しやすいものですが、国や地域によって受け入れに必要な資産の条件が異なります。

近年、日本から移住者の多い国はマレーシア、フィリピン、タイ、カナダ、インドネシアです。マレーシアは10年近く一番多い国となっています。言葉は英語で、治安が良く、物価も安く医療機関も整っているせいでしょう。

滞在は最長10年で更新可能。ただし、永住権は取得できません。50歳以上の場合、マレーシアの銀行に約４５０万円の定期預金をし、月収約30万円の収入がある人という条件が付きます。

海外移住といっても多くの場合10年程度です。その後は帰国するので日本の家は処分せず賃貸にするか、知人に住んでもらうのがよいでしょう。

【海外旅行】

定年になったら「船で世界一周してみたい」「イタリアに2か月滞在して世界

遺産を堪能したい」「シベリア鉄道モスクワ―ウラジオストク間9297kmを列車ロシア号で旅したい」。在職中は夢であった思いが、いよいよ実現可能になります。自然にしても歴史にしても日本とは大きく異なる国々。実際にこの目で見る旅をしたいものです。

まず、旅行会社企画のツアーで行くか、個人で行くかです。ツアー企画は新聞でたくさんPRされていますし、駅や旅行会社前には多くのパンフレットがあります。目的が決まれば探すのはむずかしくありません。添乗員がいるので言葉は問題なく、何しろ日程が効率よく組まれています。しかし、学生や若い人を対象にした企画は忙しくて不向きです。1週間から10日間の旅では、同じ場所に少なくとも2~3泊するツアーを探すとよいでしょう。また1人旅の場合、相部屋が一般的ですが多少高くても1人部屋を頼むとリラックスできます。

個人で計画する海外旅行は、インターネットを使って世界中の飛行機、ホテルを自宅から予約できます。航空券は会社名を入力すると日本語で購入手続きができます。ホテルはBooking.comまたはHotels.comを利用するとよいでしょう。支払いはカード決済です。行先、時間、予約等も含め現地の移動や切符の購入すべてを自分で行います。これが個人の旅の楽しみともいえるでしょう。

【国内旅行】

「青春18きっぷ」という名前を耳にされた人も多いでしょう。日本全国のＪＲ線の普通電車、快速電車が乗り放題になる切符です。青春に年齢制限はなく、定年後でも十分に利用できます。学生を対象に設定された経緯があり利用できる期間は、①春期3月1日〜4月10日、②夏期7月20日〜9月10日、③冬期12月10日〜1月10日です。切符の発売期間は利用開始約10日前から終了日の10日前まで。切符はみどりの窓口や主な旅行会社で購入できます。5日分1万1850円で日本中どこにでも行けます。ＪＲ全体で毎年70万枚売れるという人気切符です。シニアにとっては地元の人たちと触れ合い、おいしいものを食べ、温泉につかるといった自由を楽しむための切符といえるでしょう。宿も自分で予約します。

【オートキャンプ】

「キャンピングカー」を使って定年を機に夫婦で旅をする人が増えています。その魅力は何でしょうか。まず、時間を気にせず、気ままにどこにでも行けることでしょう。移動中も奥さんと温泉、キャンプ場、見物先のことなど、会話が自然に増えます。

近年、日本にもレンタルキャンピングカーがほとんどの都道府県にあります。1日1万2000円〜1万5000円で普通免許証で運転できます。

「オートキャンプ場」は日本全国、海や高原を含め多数あります。「RVパーク」は道の駅や温泉施設の一角に設けられた車中泊専用の有料宿泊エリアで誰でも利用できます。「くるま旅クラブ」に入会（☎03-5963-5572）、入会金1000円、年会費1800円を支払うと、決められた旅館やホテルの駐車場で駐車泊ができ、風呂等は宿泊設備を利用できる「湯YOUパーク」、レストランの駐車場を利用できる「ぐるめパーク」、宿泊施設のない思いがけないところに泊まれる「民パーク」等が利用できます。

そのほかに道の駅駐車場や高速道路のサービスエリアなどもあり、日本一周も夢ではありません。

【四国八十八か所めぐり・歩き遍路の旅】

一番札所から八十八番札所を経て和歌山県高野山まで全行程1400㎞。1日1日楽しいこと、苦しいことを経験しながら「自分の願い」を胸にお参りし、「結願」したときの達成感はひとしおでしょう。道中での人との出会いや温かさ、自然の雄大さを感じつつの歩みは人間本来の姿を取り戻してくれるはずです。1400㎞を一度に歩こうとせず、1回を100〜200㎞とし、年に2回春秋の歩きやすい季節を選び、数年かけて無理のないスケジュールを組むのもよいでしょう。荷物7〜10kgをバックパックで背負って1日に歩ける距離は25〜40㎞。経費は途中、宿に泊まって1日1万円程度です。

その他に東海道五十三次（約500㎞）、奥の細道（約4200㎞）といった歩きの旅もあります。

コラム

『定年後10年間で50か国を旅する』

ブルガリア、モンテネグロ、セルビア、コソボ、マケドニア。年賀状にはK君が前年に旅した国々の写真が配されている。これを見て地図を広げ、それらの国々を探すのが筆者の元日の楽しみのひとつである。

彼は65歳の定年から10年間で50か国を旅すると計画し、9年間ですでに57か国を訪れている。現在、日本からの海外旅行ツアー対象国は約70か国であるから57か国は〝すごい〟の一語に尽きる。

K君がこの計画を思い立ったのは55歳、つまり定年の10年前だ。効率よく多くの国を回るにはツアー旅行がよい。あとは旅費だ。そこで1か国20万円、50か国1000万円とし、1年間に100万円、10年間で1000万円を旅行用に貯蓄し定年を迎えた。以後、年に2、3回、少ないときで2か国、多い時には8か国を訪ね、8年目に50か国の目標を達成。

旅の楽しみは未知との遭遇であろう。K君の楽しみは自然と歴史である。自然を対象とすればカナダ、スイスもあるがなんといってもニュージーランドとのこと。日本の本州程度の土地に人口430万人、そこに羊が3900万頭。人間1人に対し羊9頭の割で緑の美しい国なのだ。

歴史という観点に立てばローマ帝国の偉大さだという。地中海沿岸のみならずフランス、イギリスまでを支配し、今の技術でもむずかしいといわれる建築物、構造物を2000年前に作り上げていることに驚きを感じる。

K君の旅の特徴はライオンやゾウなどのサファリツアーが嫌いなのでモロッコとエジプト以外のアフリカには行ったことがないことだ。旅で大切なことは前もって訪ねる国の歴史、文化をしっかり押さえることにあるという。

8.2 家事を楽しむ

家事は共働き

家事は多様です。料理、洗濯、掃除とそれぞれ2文字で簡単そうに見えますが、その奥深さに気付くには実際に自分で手足を使ってみないとわかりません。家事はその他にも買い物、ゴミ捨て、風呂掃除それに宅配便対応も家事のうちでしょう。料理以外は地味です。そしてご主人はこれらの仕事を奥さんがするのは当たり前と思って過ごしてきたのではないでしょうか。ご主人は定年になって家でゆっくりできますが、奥さんには定年がありません。定年前にはなかった昼食の準備が増えただけでなく気遣いが増え、かえって精神的に忙しくなったのではないでしょうか。

ここは思い切って夫婦一緒に定年を迎えたと考えたらどうでしょう。ご主人は現役時代、会社では立派な地位と収入があったかもしれませんが、定年でゼロになったのです。２人とも再出発して「家事を折半する」という考えはどうでしょうか。ご主人の心構えとしては主婦補くらいがいいところです。「定年後は家事を共働きで」といった気持ちが必要でしょう。

台所に立ち、洗濯機を回し、掃除機を動かすことを、ご主人がすべてするというのではありません。その中からご主人の役割が決まれば、責任感も持て、信頼感を得ることができます。せっかく家事をするのなら楽しんでしたいものです。

夫の仕事、妻の仕事に対して、原則としてお互いに干渉しません。ただし決まった時間内には仕事を終えること。そうすることで自分の１日の時間配分を考えて行動することができます。

必ずしも役割をはっきり決める必要もありません。男性だって料理のうまい人もいますし、女性だって不得意な人はいます。時間のある人、どうしてもこれが食べたいと思う人が調理すればよい。洗濯物を干す、取り込むのも時間のある方がすればよい。いずれにしても、さりげなく済ませます。自分の役割を果たした満足感を楽しめばよいのです。この方がどれほどカッコ良いか。

女性が男性より長寿なのは、毎日の料理に頭と手先を動かすからだと聞いたことがあります。筆者も定年後、台所に立つようになりましたが、調理に入る前に献立を考え、買い物、段取りをする。頭を使わざるを得ない。料理を食卓に並べ、お世辞でも「おいしい」の声を聞くとうれしい。家事の喜びは意外とこの声にあるのかもしれません。

コラム

『男の料理教室』

毎月第1日曜日、9時30分スーパー正面玄関に集合。男の料理教室といっても参加者全員定年退職者だ。献立は前からわかっていても材料等は当日集合して先生から資料をもらい説明を受けた後、買い物。野菜の選び方、肉の見方、賞味期限、消費期限等を教わりながら約30分。

その後、調理室に行き、当日の段取りを話し合って10時30分調理始め。皆、バンダナ、前掛けがよく似合う。メニューは第1回「ご飯の炊き方、味噌汁の出しのとり方」に始まり、第2回「野菜を切る」、第3回以降は、魚の処理の仕方、丼物を作る、蒸し物を作る、炊き込みご飯を作る、人気のおかず焼餃子、祝いの食卓、海鮮寿司と続く。そして1時間半、先生が直接手を下すことなく完成、毎回かなりの出来栄えだ。

教わった料理を次回までに自宅で作ってみることが宿題。1年間10回も作ると台所に立つのに抵抗感はなくなる。料理教室では先生や仲間に頼るところもあるが、自宅では買い物から1人で全部する。教室では1時間でできたものが、自宅では2時間以上かかる。配膳を終え、いよいよ食事。家族にならんと評価されるかが気になる。辛口の講評も良いが、「おいしい」「上手ね」との褒め言葉がうれしい。褒められると、また次も作ろうと思うから不思議だ。人間いくつになっても褒められるとうれしい。

男が料理をする。料理は母の背中、妻の背中越しにあるものだと思っていた。世の中、男と女が半々なのに、何故か料理は女性のもの、女性の守備範囲と決めていた。台所に立つと別の世界が広がる。創造の世界だ。

8.3 おしゃれを楽しむ

服装は明るく

おしゃれはなぜするのでしょうか。自分自身の楽しみもあるでしょうが、外出時に他人の目があるからでしょう。外出となると服装だけでなく、姿勢や表情までも意識します。

現役時代は時間に追われての出勤で、必ずしも服装に毎日気を配ってきたわけではなくスーツを着、ネクタイを変えていれば何とかなりました。退職すると外出も減るので服装等に気を使うことも少なくなると思いがちですが、定年後の外出こそ身だしなみを整え、おしゃれをしたいものです。スーツとネクタイから卒業し、肩の力を抜いたおしゃれです。

おしゃれの第1歩は服装、特に色です。日本人サラリーマンの多くが通勤時に着る背広は濃紺などの紺系です。この色を40年近く身に付けていたのでなじみの色になっていますが色としては暗い。人の心は色に反応します。もっと明るい色で楽しみませんか。ジャケットが多くなるとシャツやズボンとのカラーコーディネイトも楽しみのひとつです。ジャケットにピンクのインナーで明るい色のパンツを選ぶ。これだと奥さんに「デートしたい」と言われるかもしれません。組み合わせがシンプルになるとベルトの隠し方といった「着こなし」が大事になります。インナーはベルトを見せない長めのものがよいでしょう。

定年後めっきり減るのがネクタイを締める機会ですが、たまにある時はネクタイの色に明るめのものを選び、インナーに暗めのもの、例えば青地に白のストライプの入ったものはどうでしょう。

靴で動きを軽やかに

次に気を配るのが靴です。足は「第2の心臓」といわれ、その足をサポートするのが靴の役目です。「男のおしゃれは靴で決まる」ともいわれますが、ファッションに合わせ革靴、スニーカー、ワークシューズ、それらの中間のレザースニーカー、ブーツ等も楽しみたいものです。

高齢者が靴を選ぶときの基本は軽量で屈曲性に優れ、動きやすいものです。つまずき防止用に靴のつま先がやや上に反った形のものや着脱が容易なファスナー付きのものもあります。素材としては保温性や防水性に優れたものを選びます。靴とファッションに統一性を持たせ、自分なりの着こなし、履きこなしでおしゃれ度は上級者の仲間入りです。

帽子でおしゃれを決める

おしゃれで忘れてならないのが帽子です。帽子は大別すると次の5つに分けられます。

ハット：３６０度周囲につばのある帽子。大人っぽく、セクシーな雰囲気を創る。

キャップ：野球帽のように前方のみにつばのあるもの。

ニット帽：ニット素材で作られ、つばがなく耳まで隠れる。

ハンチング：探偵や商人が被っているイメージだが狩猟用に作られた。

ベレー帽：柔らかく丸くて平ら。つばや縁がない。個性的な印象を与える。

帽子は被る人の顔の形を踏まえて選ぶことが大切です。

丸　顔：帽子との相性がよく、どんなものでもよく似合う。特にポーラーハットや野球帽は似合う。

面長顔：どんな帽子も似合うが、高さのあるものは面長を強調するので避ける。つば付きで横方向に広がりを見せるものがよい。

四角顔：中折れ帽やカンカン帽のように顔の幅より大きめのつば付きが似合う。

逆三角形：野球帽などつばの幅が狭く深めのものが似合う。

定年退職の年齢になると薄毛の男性も多くなります。以前は帽子を被ると蒸れて薄毛、抜け毛になるといわれましたが、最近の帽子は通気性、紫外線対策が施されファッション性のあるおしゃれなものが多く揃っています。出かける目的によりコーディネイトを楽しみたいものです。

8.4 笑いを楽しむ

昔から笑いは健康に良いといわれています。長恨歌で有名な中国唐時代の詩人、白居易は「不開口笑是痴人」すなわち「口を開けて笑わないものは馬鹿者だ」と詠んでいます。しかし、最近は日常生活を送る中で笑わない高齢者が多いといわれますが、笑う機会がないのかもしれません。

近年、笑いが健康を増進させ、病気や老化の予防にもなり、長生きにも役立つことが医学的にも認められてきています。どのような仕組みなのでしょうか。

私たちの身体には免疫力、すなわち体内に入ったウイルスや細菌さらに自分の体内で生じたがん細胞などを排除して自分自身の身体を守る力、があります。この免疫作用を持つものがリンパ球で、その10％を占めるのがＮＫ（ナチュラルキラー）細胞といわれるものです。

ＮＫ細胞が活発に働いている人は免疫力が高く、病気にかかりにくく健康的な毎日を送ることができるといわれます。笑いの絶えない人はＮＫ細胞が活発に働き、免疫力が高まり健康になるという医学的データが発表されています。

以前、お笑いの本場、吉本興業が「なんばグランド花月」で男女19人に対し開演前後に採血し、３時間の笑いの効果をＮＫ細胞を通して調べたことがありました。開演前にＮＫ活性が低かった人は全員、正常範囲にまで上がり、高かった人も正常範囲に戻り、それぞれ良い方へ向かう結果となりました。「笑い」が免疫系を正常化させる効果がわかったのです。

同じ年齢でも若く見える人、老けて見える人がいます。65歳だと前後7年、すなわち58歳から72歳くらいまで見かけが異なるということです。若く元気に見える人はプラス思考で、いろんなことに興味を持ち、笑いの多い楽しい日々を送り、ＮＫ細胞が活発に働いているのです。

フランスの哲学者アランが、人生における真の幸福とは何か、についてまとめた『幸福論』の中で述べた名言があります。

「幸福だから笑うのではない、笑うから幸福なのだ」

鏡に向かって顔を突き出し、お腹から声を出して笑ってみます。最初は作り笑いだったのが、鏡を見ていると本当に笑いが出てきます。意識的に声を出して笑うのです。

笑いで声を出すばかりではなく、笑顔やほほ笑みも脳を活性化させます。いつも笑顔でいると優しく魅力的な顔になりますし、笑顔を作る表情筋が発達し、人に会っても笑顔が出ます。毎朝、鏡に向かってにっこりすることを続けていると自然に笑顔になります。仏教に「無財の七施」という教えがあります。地位や財産はなくても他人にしてあげられる善行が7つあり、そのひとつが「和顔悦色施」すなわち「笑顔」です。明るい笑顔、和やかな笑顔で人に接すると周りにも笑顔が広がります。笑顔が笑顔を誘うのです。

笑いや笑顔を広めていけば、その場の雰囲気が和やかで豊かになり、自分自身もＮＫ細胞が活性化し、身体の免疫力を高めることで健康と長寿を保つことができるようになります。生活の中でいつも笑いと笑顔を絶やさぬよう心掛けたいものです。

おわりに

第二次世界大戦直後の平均寿命50歳位から、近年は80歳を超えてきました。この間に30年という膨大な時間を手に入れましたが、うれしい反面、どう使うかで悩みも生じています。

この30年を「二度目の人生」として生きがいを持って生活することが大切だと思われますが、現在の日本には老後の理想的な生活モデルや目標は今のところ無いというのが現状です。何故なら、長い日本の歴史の中でこれほど長い時間空間を生きた人の数は多くはなかったと考えられ、生き方のモデルを探すのが難しいからです。

20～30年前までは老後の生き方について真剣に考える人はごく少数でしたし、その必要もなかったのです。近年、定年後の生活が30年にも及ぶようになり、どう生きるかについて考えざるを得なくなってきたのが実情でしょう。

私たちがその開拓者であるという意識で楽しく、有意義な老後を送ることが、後に続く人たちへ夢を与え、さらに参考モデルを示すことになると思います。

これまでの人生経験と知恵を生かし、笑って楽しく30年を過ごしたいものです。

遠山紘司

参考文献

『毎日が楽しくなる「老後のトキメキ術」』（２０１５）保坂隆、ＰＨＰ文庫
『定年楽園』（２０１４）大江英樹、きんざい
『定年後』（２００８）加藤仁、岩波新書
『定年後の８万時間に挑む』（２０１０）加藤仁、文春新書
『定年が楽しみになる生き方』（２０１１）吉越浩一郎、ワック
『定年後の人生』（１９９７）佐高信、吉武輝子、岩波ブックレット
『50代から始める知的生活術』（２０１５）外山滋比古、だいわ文庫
『50代からの独立・転職は、あなたが思っているより上手くいく』（２０１５）
大澤信一、東洋経済新報社
『達老時代へ』（２０１３）横山俊夫、ウェッジ
『60歳から人生を愉しむ43の方法』（２０１１）弘兼憲史、こう書房
『60歳からの生き方再設計』（２０１４）矢部武、新潮新書

参考文献

『50代にしておきたい17のこと』（2012）本田健、だいわ文庫
『定年までに知らないとヤバイお金の話』（2014）岡崎充輝、彩図社
『定年前後の手続きと生活プラン2016』（2016）日本実業出版社
『定年後のお金と暮らし2016』（2015）朝日新聞出版
『定年後の暮らしとお金の基礎知識　2016』（2015）扶桑社
『50歳から始める「安心老後」準備大全』（2016）日経BPマーケティング
『50代からの自宅の片づけ　実家の片づけ』（2016）扶桑社
『荻原博子のどんと来い、老後！』荻原博子（2016）毎日新聞出版

著者紹介

遠山紘司《とおやまこうじ》

1942（昭和17）年生まれ。宮崎県出身。

1971年大阪大学大学院修了。理学博士、工学博士。

横浜国立大学、放送大学、文部省、神奈川工科大学を経て現在、放送大学客員教授として「問題解決の進め方」を担当。問題の見つけ方から解決の仕方までを具体的に展開している。2012年の定年を機に、「定年は二度目の人生のスタート」と位置付け、定年前後の問題点と理想的な生き方を模索している。

著書

『アメリカ生活事典』（白馬出版）1992年
『物理の世界』（共著）（放送大学教育振興会）1999年
『問題発見と解決の技法』（共著）（放送大学教育振興会）2008年
『問題解決の進め方』（共著）（放送大学教育振興会）2012年
など

もっと知りたい！定年の楽しみ方

2017年12月20日　第一版第一刷発行　◎検印省略

著　者　遠山紘司

発行所　株式会社 学文社
〒153-0064　東京都目黒区下目黒3-6-1
電話　03（3715）1501（代）
FAX　03（3715）2012
http://www.gakubunsha.com

発行者　田中　千津子

乱丁・落丁の場合は本社でお取替えします。

定価は売上カード，カバーに表示。

印刷所　新灯印刷株式会社

ISBN978-4-7620-2742-0